小微企业横向战略联盟与创新绩效研究
国家哲学社会科学基金项目 (13CGL044)

U0582767

哲学社会科学明毅文库

· 工商管理文丛 ·

核心企业技术联盟
伙伴选择问题研究

Research on Partner Selection of
Core Enterprise Technology Alliance

吴松强　著

经济管理出版社
ECONOMY & MANAGEMENT PUBLISHING HOUSE

图书在版编目（CIP）数据

核心企业技术联盟伙伴选择问题研究/吴松强著. —北京：经济管理出版社，2016.6
ISBN 978-7-5096-4325-9

Ⅰ. ①核…　Ⅱ. ①吴…　Ⅲ. ①企业管理—技术合作—研究　Ⅳ. ①F273.7

中国版本图书馆 CIP 数据核字（2016）第 063292 号

组稿编辑：申桂萍
责任编辑：高　娅
责任印制：黄章平
责任校对：雨　千

出版发行：经济管理出版社
　　　　　（北京市海淀区北蜂窝 8 号中雅大厦 A 座 11 层　100038）
网　　址：www. E-mp. com. cn
电　　话：（010）51915602
印　　刷：北京九州迅驰传媒文化有限公司
经　　销：新华书店
开　　本：720mm×1000mm/16
印　　张：10.75
字　　数：163 千字
版　　次：2016 年 6 月第 1 版　2016 年 6 月第 1 次印刷
书　　号：ISBN 978-7-5096-4325-9
定　　价：48.00 元

目　录

第一章 绪 论

第一节 选题背景与研究意义

一、选题背景与问题提出

随着经济全球化和科学技术的迅速发展，企业面临的竞争越来越激烈。很多企业逐步认识到，单靠自身的能力难以在竞争激烈的市场环境中生存和发展。20世纪80年代以来，迫于竞争环境的巨大压力，越来越多的企业开始对竞争关系进行战略性调整，开始从对立的竞争走向大规模的合作竞争（Co-operation）；同时，随着科技创新步伐的不断加快，企业仅依靠自身的力量开展技术创新活动，不得不面临资本风险加大、技术细分和市场机遇流失的困境，因此很多企业与其他企业、科研机构、高等院校联合建立研发机构、产业技术网络等技术联盟。

技术联盟的建立是企业实施技术创新、推进科技成果转化的必然选择（Hagedoorn，1993；Rothaermel，2000）[1]，[2]，而对于某个特定的经济区域而言，这种以历史、地理和资源为纽带而形成的区域性技术联盟，已成为促进区域创新和区域经济发展的主要引擎（Cooke，1992）[3]。

在经济全球化趋势的发展背景下，区域经济的发展呈现出集团化发展的势头，另外随着科学技术的突破性发展，企业技术创新的成本大得惊人，而且技术扩散的速度如此之快，很多企业必须通过联盟的形式合作起来共同创新，以分散创新的成本和风险。据统计，在 2005 年和 2006 年两年中，全球共组建了 30000 多个企业技术联盟，而技术联盟的经济效应也日见突出。在过去的十年中，世界领先的 2000 家公司在技术联盟中的投资回报率接近 17%，比所有公司的平均数高出 50%[4]。目前美国 1000 强公司的收入中，18% 来自战略技术联盟，预计 2020 年左右，这些公司将有 30% 的收入来自战略技术联盟。

技术联盟作为一种全新的现代组织形式，已被众多当代企业家视为企业发展的战略。建立企业技术联盟正成为企业提高竞争力的重要手段和途径。尤其是近 20 年来，技术联盟已经成为企业经营活动中竞争模式的主流。通过构筑企业技术联盟，从微观上不仅可以提高产品生产率和利润率，防止过度竞争；从宏观上还可以帮助稳定财政，改进公司的供应链等效益。

Hagedoorn（1995）[5]、Hagedoorn 和 Roijakers（2002）[6] 在研究 1985~1995 年国际生物产业技术联盟的网络密度和联盟数量时发现，尽管技术联盟的成员不断推陈出新，但在大公司的周围总是分别连着诸多小公司，大公司引领技术发展方向，小公司提供配套技术支持，由此形成了以大公司为中心，小公司聚集的核心企业技术联盟的组织形态。在区域集群内部往往存在很多中心企业或大企业，我们称为"核心企业"（也称"中心企业"或"龙头企业"），它们对集群中的小企业的成长具有很强的示范作用，能够为集群中其他企业提供营销上的支持，通过与其他企业之间的协作促进集群内部资源的共享（Delangen，2004）[7]，并且有能力以自身为中心来设计、建构各种复杂的联结关系（Lorenzoni 和 Ornate，1988）[8]。在产业集群内部，核心企业起着领导者的作用，能够提出可以共享的商业理念、倡导企业之间彼此信任与互利的文化，具备选择和吸收优秀伙伴的能力，且具有更高的成长率、创新能力，更善于吸纳各种资源并在整个行业中占有一定的市场地位。核心企业吸引诸多与之资源共享、优势互补的伙伴企业形成"核心企业技术联盟"。从而对区域集群的持续健康发展起到很好的牵引效果。

虽然技术联盟是一种很有潜力的价值创造选择，但事实上许多联盟还是失败了（Reuer，1999；Spekman 等，1998）[9]，[10]，这说明即使是一个有发展潜力的协同组织，联盟成功仍然是很少的（Madhok，1995）[11]。一些研究表明联盟会以高比率的失败而告终，其中，Spekman（1996）根据技术联盟统计数据，预测技术联盟失败率为60%；Wicks等（1999）则给出了70%的失败率[12]。从总体上看，技术联盟存在高失败率已成为不争的事实。据资料显示，技术联盟的成功率只有30%，而失败的主要原因是与联盟伙伴的关系问题。2006年一项对美国750位CEO的调查显示，有关联盟伙伴的部分在联盟经验中最为薄弱。2007年的一项类似的调查显示，众多企业在战略发展、控制、执行以及合同谈判等方面取得了长足的进步，但在联盟伙伴的选择技巧方面却没有太大的发展。虽然引起联盟失败的原因有很多，但多数研究成果都显示糟糕的伙伴选择是其失败最重要的一个原因。大量联盟的失败都可以解释为在这一关键领域没有选择能够进行能力互补的联盟伙伴。

如何选择最佳的合作伙伴，进一步改进技术联盟的稳定性，从而最大限度地提高联盟的经济效益是所有参加联盟的企业所必须考虑的重大问题。技术联盟的成功涉及很多因素，其中技术联盟伙伴的选择是联盟得以成功实施的重要基础。作为区域集群中的核心企业，如何在自身核心能力的基础上，按照资源共享、优势互补的原则，识别并选择一批在价值链不同环节上具有相应核心能力的伙伴企业组成"核心企业技术联盟"是一个关键问题。

既然核心能力是形成技术联盟的基础，不同联盟伙伴具有相应的核心企业需要的核心能力是加入技术联盟的前提。因此本书从核心能力共享的角度，探讨核心企业是如何吸引联盟伙伴组建核心企业技术联盟的。近年来，有关文献已开始了关于核心能力共享的研究，如最具权威性的《公司的核心能力》一文就多次指出核心能力共享的重要性。又如加布里埃尔（Gabriel）在《优秀实践经验在企业内部单位间的转移》，对英国石油公司（British Petroline）及佳能公司等共享核心能力的案例研究等，都提到过核心能力共享。这些文章没有直接给出核心能力共享的定义，对于核心能力共享的讨论也着墨很少。在国内近年也有一些将核心能力理论与企业扩张战略结合起来的研究，如浙江大学管理学院魏江、陈劲等从1999年开始就陆续申请到与此相关的国家自然科学基金课题，同时关于知识共享的研究也已经开始，如《企业知识分享、学习曲线与国家知识优势》（谢康，2002）和《企业内部知识管理中的知识共享问题分析》（李勇、屠梅曾，2002）等。但是总的来说，将核心能力共享与企业技术联盟结合起来研究还是很少的。

本书的总体写作过程和思路，用一个形象的比喻来说就是，核心企业作为"根据地"，如何组建一流的队伍（核心企业如何选择最佳联盟伙伴），队伍组建好以后如何"打胜仗"（核心企业技术联盟如何牵引区域经济的发展）。

二、研究目的

本书的研究主旨在于：通过研究核心企业技术联盟伙伴选择及对区域经济的牵引机制这一课题，明确什么是"核心企业技术联盟"，它在区域集群中的形成动因、基本特征、培育过程、运行机制是什么；从而以此来探讨核心企业技术联盟伙伴选择的原则、过程；进而研究区域集群核心企业联盟对区域经济的牵引机制，即从企业和政府政策层面提出核心企业技术联盟促进区域经济发展的路径和机制。可以说，本书通过由点（核心企业）到面（区域经济）的研究路径来研究区域经济发展的新思路，扩宽了区域经济研究的新视野，达到了丰富和发展技术联盟和区域经济发展理论的目的。

三、研究意义

（一）理论意义

本书以核心企业技术联盟伙伴选择及对区域经济的牵引机制研究为主题，探讨区域集群中核心企业如何组建核心企业技术联盟，进而以此研究联盟如何促进区域经济发展，不仅具有一定的创新性，而且对于发展和丰富技术联盟和区域经济理论有重要的理论意义。具体表现在以下几个方面：其一，从核心能力和核心能力共享理论探讨核心企业技术联盟的形成动机和核心企业技术联盟的内涵与特征，从新的理论视角探讨技术联盟这样一个组织形式存在的机理；其二，从知识联盟理论视角探讨核心企业技术联盟伙伴培育的基本框架模型，丰富和发展了组织学和社会网络理论；其三，基于企业的核心能力，从价值链理论出发，运用模糊理论探讨了核心企业技术联盟伙伴选择模型并进行评价，丰富和发展了联盟伙伴选择的研究方法，扩展了联盟伙伴选择的新思想；其四，从知识溢出和知识创新、合作与竞争、区域品牌效应等角度研究区域核心技术联盟对区域经济的牵引机制，使组织创新理论、知识管理理论、组织合作与竞争理论这样一些管理学科的思想与区域经济发展这样一些区域经济领域的经济学科思想相联系，对于不同学科之间的交流与融合具有一定理论意义。

（二）现实意义

根据调查分析表明（见图 1.1）[13]，联盟失败率问题主要表现在以下两个层次：联盟伙伴选择和联盟伙伴关系的处理。其中，由于伙伴选择出现问题而导致联盟失败的概率为 30%。事实证明，在过去很长时间内，管理人员很少关注伙伴选择方面的问题。最近，对美国 750 家公司首席执行官的调查表明，伙伴评价、伙伴选择是联盟实践中最薄弱的领域。自从 1987 年做类似的调查以来，众多企业在战略发展、控制、执行以及合同谈判等方面取得了长足的进步，但在联盟伙伴的选择技巧方面却没有太大的发展[14]。梅得可夫（1997）也认为，尽管联盟失败有无数的原因，但许多研究者都认同，低劣的联盟伙伴选择是其深层次原因所在，在该领域缺乏实践也同样是联盟大量失败的原因。所以关于联盟伙伴选择的研究对于技术联盟能够成功运转至关重要。

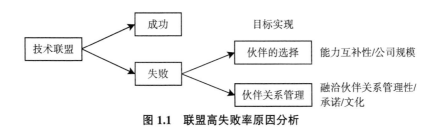

图 1.1 联盟高失败率原因分析

技术联盟存在高失败率已成为不争的事实，大量联盟的失败都可以解释为在这一关键领域联盟伙伴缺乏相应的互补核心能力。所以说，伙伴的选择问题研究对于技术联盟的持续稳定发展有着至关重要的作用，本书的研究结果将有助于企业在技术联盟伙伴选择问题上有章可循，做到知己知彼，更好地选择适合自己的联盟伙伴，对于企业自身的发展有着重要的意义。本书将尝试以企业核心能力为基础建立一个理论模型，从价值链的角度把联盟伙伴选择必须要考虑的因素包括进去，从而使企业在实际行动中按照该模型的条件来评估备选企业，选出自己理想的伙伴来组成核心企业技术联盟。现实中，在技术伙伴选择的问题上能够避免高失败率，提高联盟的绩效和稳定性。

综上所述，本书在理论上和现实上都具有重大的研究需要和研究意义，所以，笔者将在前人研究的基础上，从企业核心能力出发，基于核心能力共享，选择联盟伙伴，建立联盟伙伴选择结构模型，并对其进行评价。

第二节　国内外相关文献研究

这一部分内容将对本书写作过程中涉及的核心企业、技术联盟的形成、联盟伙伴选择以及区域创新体系四个方面进行理论研究综述和文献梳理，为全书的研究内容做一个总的铺垫。我们研究核心企业技术联盟的伙伴选择问题，必须首先明确什么是核心企业，它是如何形成的，在一个区域集群或区域网络体系中核心企业如何界定？它有哪些特征？这些是我们必须首先明确的问题；在明确界定了核心企业的基础上，我们再进一步探讨并总结国内外关于技术联盟形成的有关文献综述，进而对国内外关于联盟伙伴的选择问题进行总结；最后对区域创新体系有关理论进行梳理。其中前三个方面的有关文献综述是研究核心企业技术联盟的理论基础，关于区域创新体系的文献综述是研究核心技术联盟如何牵引区域经济发展的理论基础。

一、关于核心企业的研究综述

核心企业（Leader Firms，Focal Firms）这一关键词多出现于研究供应链、产业链的文献中，与之相对的是节点企业。有的文献称为"中心企业"、"龙头企业"或"大企业"。核心企业的界定有多种方式，但基本上都是从企业在集群中地位和作用的角度来进行界定的（Giuliani 等，2003）[15]。一般认为，核心企业位于供应商和客户网络的中心（Lazerson、Lorenzoni，1999；Morrison，2004）[16]，起着领导者作用，能够提出可以共享的商业理念、倡导企业之间彼此信任与互利的文化，具备选择和吸收优秀伙伴的能力，且具有更高的成长率、创新能力，更善于吸纳各种资源，并在整个行业中占有一定的市场地位。核心企业是产业链的链主，在产业链竞争中，核心企业将承载产业链组织者与协调者的功能，核心企业选择产业链节点，协调产业链网络中不同节点企业的行为，挖掘产业链潜力并实现集成优势。核心企业可以是一个独立的企业或企业集团，也可以是由两个或多个企业组成的合资企业或战略联盟（刘贵富、赵英才，2006）[17]。

国内外对核心企业研究的有关文献主要是从产业群和创新网络两个角度展开。这两个方面内容主要探讨核心企业的功能、特征、作用或地位，更主要是从核心企业在传播知识方面的作用来开展的。传统的研究方法都是基于以下三个假设：第一，在产业集群中所有的企业都是同质的；第二，它们都产生相互作用；第三，在产业集群的知识创造过程中机构（如协会、商会和地方政府等）比单个企业更为重要。我们不可否认机构在产业集群的知识创造和知识转移过程中所起的作用，然而，对单个企业研究所积累的大量证据表明：产业集群中的企业是异质的，它们的作用和任务是不可交换的；某些大型企业（我们这里称"核心企业"）有能力去设计和管理与其他小企业或非核心企业之间大而有差异的知识网络[18]、[19]；产业集群是大企业技术和知识扩散的一种产物[20]。可见，核心企业在产业集群的知识转移和知识创造过程中扮演着十分关键的角色。

（一）产业集群中核心企业的研究

从产业集群角度界定核心企业，国外学者主要探讨产业集群中核心企业的角色、作用和功能以及在传播知识中的功能；国内学者主要是从核心企业在集群内产生的原因、对集群的影响与成长路径等方面展开。

Lipparini（1999）认为核心企业在集群网络中的角色和任务是异质的和不可替换的；Lorenzoni 和 Ornati 把核心企业定义为"战略中心"，认为它有较高的协调能力，能够领导其他企业去创新，并为它们提供新的增长机会，确保了整个产业集群的生存和发展[8]，Camuffo（2003）认为集群中的核心企业是推动集群创新的发动机[21]，Delangen（2004）认为核心企业对集群中的小企业的成长具有很强的示范作用，能够为集群中其他企业提供营销上的支持，通过与其他企业之间的协作来促进集群内部资源的共享[7]；此外，许多学者还从核心企业与其他中小企业的关系出发，研究了中卫型集群、轮轴式集群的组织结构、治理机制、社会资本、资源的相互依赖性等与企业之间的知识溢出路径、技术学习方式和创新扩散机制之间的关系（Romano、Rinaldi，2001）。

一些最新的文献则集中探讨了核心企业能否充当集群知识转移和扩散的知识"守门人"（Gatekeepers）的问题（Giuliani、Boari、Morrison、Rinaldi 等）。主要观点表现在三个方面：

第一，核心企业是知识创造的引擎。核心企业有着较多的技术资源和较强的创新能力，它们能够创造新的、复杂的知识，例如，发展技术基地，培育技术能力，提供技术和管理培训，鼓励新企业的衍生，评价必要的管理联结等。Peter和 Camuffo 的研究也表明，集群中的核心企业为了外包和转包，与许多制造商和分销商建立关系，从而激励合作伙伴的效率和创新能力的提高[22]，[23]。

第二，核心企业是整个产业集群与外部联系的"桥梁"。核心企业凭借全面的外部网络和先进的技术基地，把大量的外部相关科学和技术信息带到组织内部，从而起到了一个联结的作用。Mailperson 等指出，核心企业能渗透产业集群的边界建立起良好的外部联系，它们有良好的知识基础，因此可以更好地识别和整合新的外部知识[24]。

第三，核心企业是产业集群内企业网络的知识扩散源。核心企业通过有意识或无意识的过程，把经过重新描述的知识和自己创造的知识传播给集群里的其他企业。

国内学者主要研究了核心企业在集群内产生的原因、对集群的影响与成长路径。例如，王珺（2004）分析了集群中大企业（核心企业）出现的原因，并通过对"浙江慈溪电器集群"案例研究探讨了核心企业成长对集群演进的影响[25]；

许庆瑞、毛凯军（2003）通过考察浙江集群中的"小巨人型"企业网络来研究龙头企业及其拟纵向一体化现象与各种影响[26]。

（二）创新网络和战略网络对核心企业的研究

这方面的研究主要是从集群中创新网络内部是否存在核心企业以及核心企业对创新网络形成和发展的影响角度展开。Hansen（2002）认为，网络中的非直接连接有利于知识传播，核心企业在这个过程中是传播的中介[27]。Dei Ottati（1994）从企业成长理论的角度分析了相关小企业的成长，认为这些小企业正是在核心企业的带动下才形成的，核心企业指导着其他企业的发展壮大[28]。Owen-Smith 和 Powell（2003）研究了波士顿的生物技术创新网络，强调核心企业能够改变贯穿整个网络的信息流，并且对整个网络中专利数的增加有积极的影响[29]。盖文启认为创新网络具有非中心性，强调各个节点之间存在的密切的互动关系才是创新网络的实质[30]。马士华（2001）从核心企业在行业中的影响力、产品开发能力和产品导向能力、商业信誉和合作精神等方面研究了核心企业对形成供应链合作伙伴关系的影响，认为如果没有一个强劲的核心企业，供应链的效益就会受到影响[31]。池仁勇（2005）认为创新网络中应存在包括核心企业在内的核心层或核心结构[32]。谢洪明（2005）等还研究了基于核心企业技术能力的企业战略网络，以及核心企业战略网络发展的多方面影响[33]。

通过上述从创新网络的角度研究核心企业的文献观点可以看出，它们均倾向于同质化对称的网络整体互动作用，未能把握现实中网络的动态演进所带来的越来越明显的异质性及其不对称的互动行为，更未能把握集群中的某些特殊的个体作为战略杠杆对于网络发展的关键作用。战略网络文献中的中心企业概念过于宽泛，许多战略网络的讨论均未能界定它们到底是制造业中心企业（国内的集群恰好绝大部分均为制造业），还是商业型中心企业（如以零售商沃尔玛为中心企业的战略网络），且战略网络文献较少涉及本地集聚这一战略特征，更未能注意到部分集群能够从本地集聚逐渐转向核心企业主导的开放的战略网络的可能性，以及这一进程中，不同的阶段核心企业作用的不同方式。

综合以上文献研究，项后军（2007）认为对集群中核心企业的研究，需要从集群层面上重新回到企业层面上来。需要构造一个既能解释集群中核心企业的演进，又能解释核心企业的成长，更能解释核心企业、集群、产业三方互动的统一的新的研究框架。未来集群理论应该是集群理论、企业成长理论与产业组织理论等多方面理论多种视角的一个新的综合[34]。

那么核心企业到底是如何产生的？在此我们做一个简单的探讨，为后文的研究打好基础。

上文从集群的角度和战略网络的角度研究核心企业的有关文献，我们可以认为，核心企业的产生，主要源自集群内部的异质性，特别是企业家能力的异质性。少数企业家能够抓住关键的成长机会，使个别企业相对于集群中的其他企业有着更高的成长率、技术创新能力、营销能力和企业家网络关系，具有相对本地集聚其他企业的不对称实力，且逐渐通过分包等方式，构成了一个以自己为核心的弹性生产网络。在此我们不妨将核心企业的资源分为内生资源和外生资源两个部分。前者大致包括由人员、资金、设备、原料等组成的有形物质资源和由顾客信用、商标知名度、工作士气等组成的非物质资源以及创业强度、管理经验等企业家个人特质因素和能力因素；而后者源于企业与外部的互动，不能完全还原到单个企业的能力。它包括集群中核心企业与地理上邻近的其他企业有效互动所形成的资源和能力，即通过彼此的互动、交流、学习和有意识的知识共享、企业之间特定的社会联系以及核心企业与集群外部企业和机构互动形成的资源，是一种新的异质资源或者是某些战略性资源和杠杆资源[34]。

需要注意的是，这两部分资源其实并不是分开的，而是在不同的阶段，彼此不断地相互融合、互相影响、交替演进的。包括核心企业的三种成长机制：①内部资源整合与企业内生性成长增强核心能力而实现成长；②整合外部资源，特别是通过地理邻近性来整合本地集聚的外部资源以及通过不同节点资源互补来提高企业的资源数量和配置可选择性；③对集群外部异质资源的整合，获取有力的技术、人力、资金、顾客资源等支持以实现企业的跨越性高成长[35]。

案例研究（刘云枫、王夏华，2005）结果表明：市场结构、产品特征、技术发展趋势和商业模式四个方面决定了供应链中核心企业位置的漂移。随着市场结构的转换，核心企业的位置也必然发生漂移。就产品特征而言，技术、资本、人才密集的产品，核心企业通常在供应链的上游；而技术发展趋势，特别是原有的技术壁垒逐步降低或者消失时，核心企业的位置也会随之向下游漂移。当然新兴商业模式也会对核心企业位置的漂移产生重要影响[36]。

上述对核心企业的相关文献综述和产生根源探究可以认为：核心企业是指在某个行业中，能够凭借其核心能力决定的独特竞争力在市场上表现出一定领导地位，吸引一批与之有业务关联并有合作意愿的大批企业加盟，能够向顾客提供有价值的产品和服务的企业。

二、关于技术联盟的研究综述

技术联盟（Technology Alliance），或称技术战略联盟（Technology Strategic Alliance），是两个或两个以上具有独立法人地位的组织，以实现某种战略目标，在一定时期建立的一种技术合作关系（蔡兵，1995[37]；Hagedoorn，1993[1]；Barringer 和 Harrison，2006[38]；张晖明、丁娟，2004[39]）；或者说是一种战略技术伙伴关系，是长期的、持续的以及互惠互益的关系，合作伙伴通过分享未来的计划、前景规划及整合彼此间的资源，以实现共同战略目标[40]。

（一）国外技术联盟的研究综述

文献检索发现，技术联盟的早期研究集中在以下两个方面：一是技术联盟发展的基本情况，如行业分布、企业特性、国别分布等；二是参与企业技术联盟的动机分析，如大多数研究者从成本节约、风险分享以及规模经济和范围经济等角度来分析技术联盟的成因。

随着技术联盟的发展，研究者更加强调技术联盟的知识特性，也更加强调技术联盟对于核心能力建设的意义。同时，技术联盟越来越趋向动态和模拟，为了更深刻认识技术联盟对组建核心能力的影响，理论界开始重视对技术联盟演进过程的分析。

综观欧美国家技术联盟相关理论文献的发展过程，对技术联盟的研究从三个方面平行展开：本质、动机和模式构建。整个体系建立在共同的理论基础上：价值链理论、网络理论、交易成本理论和资源依附学说。Smith（1995）等还把这种理论归为五类：交换理论、吸引理论、实力和冲突理论、模仿理论和社会结构理论。

价值链理论是指通过同一价值链或不同企业间的上下游价值链的合作达到共同开发的目的。李扣庆和陈启杰指出，上下游价值链联合竞争是"由上下游联合组成完整的价值提供系统而展开竞争。竞争的成败不仅仅取决于单个企业生产经营的质量，而是整个链条所有企业生产经营的质量，取决于网络中各个企业间伙伴关系的耦合程度"。

网络理论是指通过拥有不同技能、资源乃至不同经营规模的企业相互合作组成的一个动态网络系统。在网络系统内部合理配置资源，利用"协同"力量共同承担项目的研究开发，并承担风险、共享利益。这样既可以提高资源利用效率，减少成本压力，也可以在网络系统内部实行多角化战略或多元化经营，从而提高合作企业的战略灵活性。

交易成本理论是指通过合作可以达到资源共享，从而减少技术转移、技术买进的高额费用，与市场交易相比，技术联盟有利于消除风险和市场交易的不确定性。Ring 在 1996 年提出学习成本的概念，指出合作关系的建立有利于降低学习成本，合作是一个低成本的学习机会[41]。而 Gulati 和 Singh（1998）在分析网络与技术联盟时，将协作成本的存在和变化看作技术联盟建立和发展的重要因素。

资源依附学说是指随着国际市场的激烈变化和技术复杂度的日益提高，内部资源越来越成为企业参与竞争的必要条件，而不同的自然、地理环境以及各国经济结构的差异性，使得各国对外部资源的需求及对伙伴资源的依赖性也日益加强。技术联盟正是企业运用互补战略获得异质性资源的有效工具[42]。

如何界定技术联盟是技术联盟领域长期讨论但一直未解决的问题。Badaracco（1991）指出，联盟有两种联系方式：一种是围绕供应，从成本最小化的角度发展起来的产品纽带；另一种是联盟关系，它是以知识纽带为基础，知识的学习和创造是知识纽带的主要特征。所以，技术联盟又被看成一种以知识活动为基础的合作关系[43]。

如何界定技术联盟，如何将企业间的技术联盟与其他联盟关系相区分，如何将

组织间的技术联盟与其他各种形式的技术交易活动区分是技术联盟研究领域中比较
活跃的领域。下面将对技术联盟、产品联盟和动态联盟三种联盟形式进行比较
（见表 1.1），并对技术联盟中不同联盟的具体形式进行说明（见表 1.2）[44]。

表 1.1 企业技术联盟、产品联盟和动态联盟的比较

联盟类型 比较内容	企业技术联盟	产品联盟	动态联盟
合作目标	通过知识共享，加速技术创新，提高公司资产价值	运用特定的资源优势开发产品	信息共享、敏捷制造，追求短期利润
合作内容	研发领域	产品工艺和市场	产品工艺服务研发领域
合作动力	资源共享，优势互补，加速技术创新	资源共享、优势互补、技术创新、扩展市场	资源共享、优势互补、技术创新、扩展市场
合作主体	新技术研发企业和生产企业	销售商、供应商等竞争性企业	销售商、供应商等竞争性企业
合作组织形式	股权式合作独立组织、非股权式合作无独立组织	股权式合作独立组织、非股权式合作无独立组织	以隐性契约为依托的非独立法人组织
战略意义	战略性和进攻性	防御性	战略性
伙伴间关系	技术知识驱动型	市场驱动型较紧密	机遇驱动型
敏捷性	较强	较强	很强
合作载体	实际资产	实际资产	实际资产

资料来源：张坚.企业技术联盟的绩效评价 [M].上海：上海财经大学出版社，2007.

表 1.2 企业技术联盟的分类

分类标准	具体形式	参考文献
价值链理论	横向联盟、纵向联盟、混合联盟	M.Porter（1985）[45] A.Gamel（2001）[46]
治理结构	股权式；非股权式联盟	Narula 和 Hagedoorn（1999）[47]
合作研发不同阶段	与用户、供应商、竞争对手及政府高校组成共同开发联盟	Peng S.Chan 和 Dorothy Heide（1993）[48]
企业技术资源不同转换方式	交叉型、竞争型、环境适应型、开拓新领域型联盟	首藤信彦（1993）[49]
组织间互动关系和潜在冲突程度	后竞争联盟、竞争联盟、非竞争联盟和前竞争联盟	Yashino 和 Rangen（1995）[50]
NRC 的分类	研发阶段、生产阶段、销售阶段和全面性联盟	蔡兵（1996）[51]
联盟内知识获取方式	知识生产型、知识吸纳型联盟	Gerard 等（2001）[52]
技术创新不同阶段	项目型、购买型、服务型、生产型、委托研究型、技术组合型、协调型联盟	钟书华（2000）[53]

关于技术联盟与其他组织间技术活动的区别与联系的研究，实质是技术联盟与外部技术交易和技术活动内部一体化的区别与联系。国际经营理论将技术联盟视为跨国公司发展的一种临时性机制。交易费用理论则将技术联盟看成介于市场和公司制之间的临时性组织安排（Chiesa 和 Manizini，1998）[54]，而 Gulati（1995）将技术联盟看成处于准市场形式和准公司制形式之间的、扩展的组织形式 [55]。Hagedoorn（1993）将技术联盟看成一种独立的组织形式，并指出这种形式有特定的形成条件和生产率，从根本上确立了技术联盟的地位，为过程性研究提供了基础 [56]。

近年来，技术联盟的创新模式成为关注的重点，并且将研究集中在知识因素以及与其相关的风险和收益对技术联盟的影响上。1996 年，Dash 和 Teng Bing-sheng（1996）将综合风险和综合成本的概念引入对股权联盟和非股权联盟的成本分析中。他们认为，在绩效风险较高、关系风险较低的情况下，企业应该选择非股权联盟结构来治理技术联盟；反之，则应该采用一体化的治理结构 [57]。Szulanski（1996）等学者用知识因素来探讨技术联盟发展的障碍。他们指出，合作伙伴的吸收能力、合作双方在知识来源与归属中的紧张关系是联盟关系发展的知识性障碍 [58]。1998 年，Inkpen 和 Diner（1998）指出，技术联盟中的知识纽带经历了以下四个阶段：技术共享—盟友间的互动—人员互派—战略性整合，组织学习在这四个阶段发挥作用，从而实现联盟内部知识的传递和整合 [59]。

（二）国内技术联盟的研究述评

从 1995 年开始，国内开始有学者研究技术联盟的问题。这里以时间先后为线索，对文献研究的情况进行回顾。1995 年，蔡兵首次对技术联盟现象进行了初探。分析了企业技术联盟的产生根源，认为单个企业技术资源不足以承担 R&D 投资风险能力的有限性是促成企业技术联盟的根本原因。1996~1999 年，学者们的研究侧重对技术联盟的实质和作用的归结（蔡兵，1996），以及从微观层面对技术联盟的类型、效益及成本等方面进行了剖析，并开始注重技术联盟在我国企业中的实践（钟书华、李新春，1998）；2000~2002 年，研究手段开始从定性走向定量研究，运用各种案例研究和调研方法以及博弈论等分析工具，研究内容包括结合美、日、欧企业技术联盟发展的成功经验实际案例分析了企业技术联盟高失败率的原因（钟书华，2000），运用博弈分析工具构建企业技术联盟的强化机制、协调机制以及联盟成本的分配原则和方法，联盟效益的分配模式，技术联盟的特点和各种适宜的组织形式（孙肖南，2001；钟书华、李红玲，2002）；2003~2004 年，研究成果进入高峰期，研究重点包括跨国企业中的技术联盟问题（唐晓云，2003），企业技术联盟的成本、伙伴选择和风险控制等相关问题（范莉、钟书华等，2003）[60]，技术联盟的能量效率问题（陈隆等，2004）[61]。

总的来说，2004 年前技术联盟的研究以定性研究为主，定量研究比较薄弱，运用各种计量模型的实证研究更少。2005 年以后的研究有定量研究的丰富成果。张坚（2006）运用自组织模型研究技术联盟的形成和演化过程以及构建指标体系探讨技术联盟的绩效评价[62]，朱少英（2008）通过数学建模研究技术联盟中的动态激励问题等[63]。

国内关于技术联盟的研究从形成现象到理论基础及其现实中的具体表现模式、效益、存在的问题及其运行机制等都有丰富的研究成果，但很少研究核心企业如何选择合作伙伴形成核心企业技术联盟的问题，也极少研究区域集群中的技术联盟问题。因此本书研究工作是现有研究的创新，也更具有现实意义。

三、关于联盟伙伴选择的研究综述

现有文献关于联盟伙伴的研究包括战略联盟伙伴选择和动态联盟伙伴选择两个方面。下面分别就这两方面进行文献梳理，为本书进行核心企业技术联盟伙伴选择做好前期研究成果的铺垫。

（一）战略联盟伙伴选择

学者们对战略联盟伙伴选择的研究最早起因于战略联盟的失败率非常高。Hitt 等（1996）学者根据实际资料支持联盟失败率为 60% 的观点[64]，而 Woodman 甚至给出了 70% 的更高失败率的数据，即使保持乐观估计的学者，如 Coopers、Lybrand、Bleeke 和 Ernst，仍预测战略联盟的失败率达到了 50%。在分析如此高的失败率原因时，学者们普遍认为联盟成员选择是重要因素之一。1998 年一项对美国 750 位 CEO 的调查结果显示，如何选择联盟成员往往是联盟实践中最薄弱的领域，大量联盟的失败都可以解释为在这一关键领域缺乏专业能力。

针对战略联盟的联盟成员选择这个十分需要深入研究的议题，学者们有的从理论分析的角度进行影响联盟成员选择的关键因素的剖析，有的则着重从实际决策过程来进行分析。

英国战略管理学者 Faulkner 认为战略联盟保持成功的关键因素是选择正确的合作伙伴，需要考虑合作伙伴之间的战略协同与文化融合两个基本要素。战略协同是维护联盟持久性的重要基础，要求各方必须拥有互补性资源，能为联盟各方实现战略目标提供所需资源和核心能力，由此产生协同效应。在文化融合上，合作伙伴的文化差异都能彼此适应和认同时，则在联盟内部可以产生和谐的合作关系，在很大程度上可以避免联盟伙伴之间的道德风险；反之，如果联盟伙伴对企业文化的理解相互抵触，在文化上的分歧会对联盟产生巨大的冲击。Faulkner 提出了一个包括战略和文化因素的二维模型，即联盟伙伴战略与文化的组合矩阵，如图 1.2 所示[65]。

战略协同	2. 对文化因素进行调整后联盟可能取得良好效果	3. 最佳的联盟组合
	1. 不具备协同的竞争优势和文化兼容性	4.文化兼容但不存在协作竞争的可能性

文化协同

图 1.2　联盟伙伴战略与文化的组合矩阵

Lorange 和 Roos 提出了有关如何选择正确联盟伙伴的 3C 理论。3C 理论强调潜在的联盟伙伴应符合"3C"原则，即兼容性（Compatibility）、能力（Capability）和承诺（Commitment）。对兼容性的判断涉及企业运营的各个方面，决策者需要从企业规模和能力、公司战略、企业文化、组织管理和实践、生产能力、市场营销和分配、财务能力及安全、健康和环保八个要素综合考虑联盟成员之间的匹配性。能力是指潜在联盟伙伴具备的能力形成互补性。承诺是指联盟伙伴有责任感，能相互承担一定的责任和义务，以弥补联盟各成员在内部资源和经营目标上的差距。如果潜在的联盟伙伴符合 3C 原则，那么同它们合作成功的概率就比较大[66]。

美国学者 Rackham 认为影响力（Impact）、熟悉（Intimacy）和愿景（Vision）是战略联盟取得成功的三个必备因素，三者相互促进，驱动联盟良性发展。影响力是指联盟成员具备拥有某种稀缺资源，能够为联盟提供独特价值。熟悉是指联盟成员之间超越了一般的市场交易关系，信任程度较高，合作主动性更高。愿景是指联盟成员能对联盟关系所能够达到的目标和方式有所想象和认识，并且具备战略眼光，在愿景上达成共识[67]。

常荔、毛妮指出了传统联盟选择方法的缺陷及 Faulkner 提出的联盟伙伴战略与文化的组合矩阵的利弊，认为文化一致性并不是绝对的，企业在选择联盟伙伴时必须考虑内部和外部环境对文化因素的要求，并在此基础上提出了一个二维权变框架，如图 1.3 所示。她们认为：在选择合作伙伴时，环境不确定性程度对文化差异性要求是不同的。较低的环境不确定性需要较高的文化一致性与之匹配；反之，较高的环境不确定性要求较高的文化差异性与之相匹配[68]。

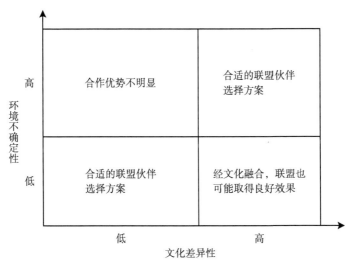

图 1.3　环境不确定性与文化差异性的匹配

还有一些研究主要针对联盟成员选择的指标体系、选择方法、选择过程等内容进行探讨。

孙晓琳将指标体系分为目标层、能力层、水平层和企业层，联盟成员选择的目标是使联盟综合实力最大化，由此分别得到硬性指标如生产能力、新产品开发能力和软性指标如组织管理能力。樊友平、陈静宇提出的指标体系主要包括投入指标、能力指标和兼容性指标，这一指标体系充分体现了前面提到的 3C 理论的兼容性、能力和承诺三个方面的内容。有一些研究者则将指标分为个体指标和伙伴关系指标，个体指标主要包括市场状况、互补性技巧、财务状况等，伙伴关系指标主要包括融洽性、信任、承诺等，这种分类方法则突出考虑伙伴关系在伙伴选择中的重要性[69]。还有一些研究者从收益、成本、风险三个方面对联盟伙伴选择方案进行综合权衡，收益的二级指标包括财务收益、非财务收益，成本的二级指标包括谈判费用和整合成本，风险的二级指标包括技术风险、市场风险、财务风险，这种方法较为抽象，可操作性不强[70],[71]。

由于战略联盟的内涵本身过于笼统，因此提出的指标体系往往一般化而不具有特殊性。同时，战略联盟成员选择的方法和过程也具有一般性，指标权重的方法大部分都以层次分析法为主，而决策模型的建立则主要是多目标优化决策理论，选择的过程主要为初选、多目标决策和后期调整。

从以上研究可以看到，做好联盟伙伴的选择工作对战略联盟的成败具有重要的影响，联盟成员选择的各种关键影响因素对于本书指标体系的整体设计思路具有很好的指导意义。

(二) 动态联盟伙伴选择

动态联盟产生于敏捷制造这一理念。敏捷制造强调在产品生命周期价值链上，不同的成员履行不同的角色。为应对抢占市场的压力，针对某一市场机遇，由不同公司的部分或全部迅速组成一个临时性的组织。该组织的不同成员完成产品价值链上不同的功能，这个临时性的组织就被称作"动态联盟"[72]。

在动态联盟的联盟成员选择研究中，指标体系的确立、模型的建立、具体优化选择方法是研究的重点。

张晓玲等 (2000) 认为对合作伙伴应该考察六个方面：企业的核心竞争能力以及独一无二的技能和知识、企业的合作能力、吸引人才的能力、快速收集与处理信息的能力、研究和开发能力、质量管理评价能力[73]。这一指标体系从考察合作伙伴的各项能力入手，对于企业之间的兼容性和承诺考察不够。

郑文军等（2000）将盟主与盟友之间的战略配合分为产品生产和市场开拓两类，提出了以面向产品生产过程、面向市场开拓过程、基本约束和其他约束为评价重点的指标体系。面向产品生产过程的指标分为现有生产能力、质量管理能力、企业柔性和成本因素，面向市场开拓过程的指标分为企业的市场形象、销售渠道、售后服务能力和信息反馈能力，基本约束分为法律约束、地域限制、企业声誉和财务状况，其他约束包括企业的基础设施、信息标准、环境因素、企业文化、合作态度和讨价还价能力。这一指标体系将约束条件作为合作伙伴应满足的必要条件，其中基本约束可以看作是对联盟成员最基本普通的要求，而其他约束条件中有体现强调动态联盟的敏捷性的指标，有体现战略联盟对成员之间的兼容性、成员承诺的指标，而产品生产能力、市场开拓能力则着重突出了联盟资源的互补性方面。因此，这一指标体系较为全面，划分的思路也很清晰，企业柔性指标也充分体现了敏捷性在动态联盟盟员选择中的重要性[74]。

一些学者对动态联盟成员选择的研究重点在于选择过程、模型与优化决策方法。从研究情况来看，联盟成员的选择过程一般为：第一阶段对联盟要完成的目标和任务进行分解并对备选企业进行初选，第二阶段运用各种多目标优化决策方法对合适的方案进行排序。在评价模型与优化决策方法方面，主要有以下几种研究结果：根据评价指标体系运用层次分析法或模糊综合评价法；以时间、成本和风险最小以及其他定性目标最优等作为目标函数，加上特定约束条件形成评价模型；通过 D-S 证据理论进行定性目标函数的优化决策来初选企业，然后运用遗传算法进行定量目标函数的优化决策来终选企业；单独论证了 D-S 证据理论和遗传算法在盟员选择多目标优化决策上的有效性；研究了基于人工神经网络及其改进方法的优化决策[75-77]。

从上文相关研究可以看到，学者们对具体联盟形式的成员选择研究基本上都突出体现了该具体联盟形式的独特性，如动态联盟的成员选择注重成员的敏捷性表现。而且，学者们对联盟成员选择的过程设计较为相同，评价模型和优化决策方法则注重应用智能数学的方法，在以定量评价指标为主的情况下，这些智能数学方法具有较好的适用性。

四、关于区域创新体系的研究综述

本书要求探讨区域核心技术联盟对区域创新系统的影响，并进而研究区域核心技术联盟如何牵引区域经济的发展，因此有必要先梳理区域创新系统的相关理论研究成果，本书的研究内容做铺垫。

从区域层面研究创新系统的重要意义在于：①创新系统在区域层次上易于观察。②地域毗邻有利于隐性知识的共享。密切接触以及面对面交流是隐性知识交流的前提，它在创新过程中表现出很强的"知识溢出"效应。③不同区域的非正式惯例和规范对企业行为以及企业间合作形式产生重要的影响，进而会影响企业创新。如果只关注国家创新系统，那么难免会忽视促进创新过程的区域现象[78]。本书在进行文献研究的基础上，系统回顾了近年来区域创新系统理论和建设方面取得的主要研究成果，以期为区域创新系统理论研究及实践提供指导和借鉴。

（一）区域创新系统基本理论

1. 区域创新系统的定义

区域创新系统（Regional Innovation Systems）概念最早由 Cooke 于 1992 年正式提出，他将区域创新系统定义为：企业及其他机构以根植性为特征的制度环境系统地从事交互学习[3]。另一个对区域创新系统研究做出重大贡献的学者是 Asheim，他认为区域创新系统是由支撑机构围绕的区域集群（Asheim 和 Isakson，1997）[79]。根据 Asheim 的观点，区域创新系统主要由两类主体以及它们之间的互动构成：第一类主体是区域主导产业集群中的企业，同时包括其支撑产业；第二类主体是制度基础结构，如研究所和高等教育机构、技术扩散代理机构、职业培训机构、行业协会和金融机构等，这些机构对区域创新起着重要的支撑作用。

国内较有影响的区域创新系统定义包括：胡志坚和苏靖（1999）指出，区域创新系统主要由参与技术开发和扩散的企业、大学和研究机构所组成，并有市场中介服务组织广泛介入和政府适当参与的一个为创造、储备和转让知识、技能和新产品的相互作用的创新网络系统。

结合以上关于区域创新系统的定义，笔者认为区域创新系统包括以下三个方面的基本内涵：一是以促进区域内创新活动为目的。二是在一个社会系统，创新是经济行为主体之间社会交互作用的结果；不仅强调行为主体的创新绩效，而且更重视不同行为主体之间的互动作用。三是高度重视制度因素。

2. 区域创新系统结构

Cooke（1998）认为，区域创新系统主要由根植于同一区域社会经济和文化环境中的两个子系统构成：知识应用和开发子系统，以及知识生产和扩散子系统[80]。Tripple（2004）认为，区域创新系统还应该增加政策维度。Anderson 和 Teubal（1999）认为集群在区域创新系统中处于极其重要的位置，提出了另一种以集群为中心的区域创新系统结构图（见图1.4）[81]。国内学者胡志坚和苏靖（1999）认为，区域创新系统的构成主要有主体要素、功能要素和环境要素。主体要素包括区域内的企业、大学、科研机构、中介服务机构和地方政府；功能要素包括制度创新、技术创新、管理创新和服务创新；环境要素包括体制、机构、政府或法制调控、基础设施建设和保障条件等。黄鲁成（2000）认为，从"创新是知识的生产、扩散和使用"的角度看，区域创新系统由知识创新子系统、技术创新子系统、知识传播子系统和知识应用子系统构成；从创新的结构看，区域创新系统由创新主体子系统、创新基础子系统（技术标准、数据库、信息网络、科技设施等）、创新资源子系统（人才、知识、专利信息、资金等）和创新环境子系统（政策法规、管理体制、市场和服务等）构成；从创新的动态过程上看，区域创新系统由研究与开发子系统、创新导引子系统（创新计划与战略）、创新运行与调控子系统（制度、规则和政策）、创新支撑与服务子系统构成；从创新对象上看，区域创新系统由技术创新系统、制度创新系统、组织创新系统和管理创新系统构成。

以上关于区域创新系统结构的不同界定都包括知识、技术、制度三个基本要素，本书研究的区域集群核心技术联盟是一个以知识和技术为基础的组织形式，这种组织形式实质上是一种新的制度安排，它在区域创新系统中有着怎样的地位和作用是我们必须要搞清楚的问题。因此，本书要探讨这样的一个制度安排如何影响区域创新系统、如何牵引区域经济发展。

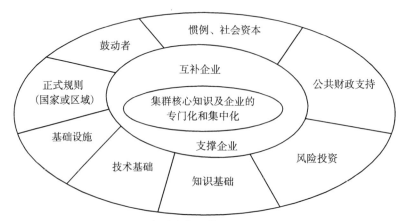

图 1.4　以集群为中心的区域创新系统结构

资料来源：Anderson 和 Karlsson（2002）[82]，有改动。

（二）区域创新系统建设理论与实践

区域创新系统的建设是区域创新系统研究的核心内容，目前国内外学者的研究主要集中在区域创新系统建设模式研究、区域创新系统建设的政策研究与区域创新系统评价研究三个方面。

1. 区域创新系统建设模式研究

国外进行区域创新系统建设模式研究的学者主要有 Antonelli、Muller 和 Zenker 以及 Cockburn 等。Antonelli（2002）提出了四种交互学习的基本合作机制：集群扮演重要角色的创新系统；以知识密集型服务业为中心的创新系统；以金融市场为中心的创新系统；基于长期合约的创新系统[83]。Muller 和 Zenker（2001）探讨了知识密集型服务业在创新系统中以及知识生产、转移和扩散活动中的作用和功能[84]。

国内对区域创新系统建设模式的研究主要有以下几种观点：一是产业集群观点。杨迅周等（2001）论述了产业群与区域技术创新系统建设的关系，对我国产业群的主要类型和不同类型产业群的技术创新系统建设进行了讨论。温新民等（2002）总结归纳了基于技术群、产业群的区域技术创新系统建设的规律，阐述了基于技术群、产业群的区域技术创新系统建设的内在机制和过程，从而为人们顺利推进区域技术创新系统建设提供了一系列可供因循的依据。刘琦岩（2003）探讨了产业集群指向区域创新系统建设的目标、原则和内容架构等问题。二是基于行政区域的创新系统。李娟和张硕（2003）在比较了区域创新系统研究的两个分支（即技术区域创新系统和行政区域创新系统）的基础上，通过与硅谷进行比较以后认为，在我国目前的条件下，以技术区域为基础的创新系统发展还不具备必要的条件。他们指出，当前我国应充分发挥政府在区域经济中的作用，努力培育以行政区域为基础的创新系统[85]。三是区域技术创新生态系统观。黄鲁成（2003、2004）将生态学理论与区域技术创新理论相结合，提出了区域技术创新生态系统新理论，并且还探讨了区域技术创新生态系统的生存机制和调节机制等问题[86]。四是面向可持续发展的区域创新系统。彭灿（2002）阐释了面向可持续发展的区域创新系统的内涵、主要功能与基本特性[87]。五是区域创新网络观。肖龙阶（2003）认为区域创新系统的构建应强化创新网络的功能。

2. 区域创新系统建设的政策研究

关于区域创新系统建设的政策研究主要集中在以下两个方面：一是创新障碍分析。Isakson（2001）区分了三种妨碍区域创新系统开展创新活动的障碍：机构薄弱（Organizational Thinness）、断裂（Fragmentation）和锁定（Lock-in），并提出相应的政策要点[88]。刘顺忠和官建成（2001）基于各地区间论文引用频次，分析了影响区域创新系统知识吸收能力的各种因素。研究结果表明，人力和财力投入不足及信息流通渠道落后是制约落后地区知识吸收能力的主要因素。落后地区在加大科技、人力和财力投入的同时，应当注重互联网络建设，营造有利于吸收和利用外部知识的人文和政策环境。彭灿（2003）分析了区域创新系统内知识转移的各种障碍及其成因，提出了促进我国区域创新系统内知识转移的对策。Tripple（2004）分析了中心区、边缘区和老工业区三类区域创新系统的创新先决条件、创新活动和过程、网络及创新障碍，提出并讨论了基于该分类的不同政策选择和发展战略问题。二是区域创新政策。Asheim 和 Isakson（1997）在深入阐述有关中小企业和区域创新系统理论的基础上，分析和比较了北欧区域集群和创新系统的大量案例，通过考察不同类型区域创新系统政策对促进北欧国家中小企业竞争力和创新的影响，提出了一系列重要的政策启示和建议[89]。Katsirikou 和Sefertzi（2000）认为，一项新的区域创新政策应该包括：知识创造和技术转移机构与实践；促进创新文化的形成；促进研究和创新的资金来源；促进有效的创新管理[90]。针对前人的区域创新系统研究主要集中在大都市高科技产业集群的问题，Karlsson（2002）研究了中小地区的区域创新系统问题，同时还讨论了中小地区区域创新政策的制定。

龚荒（2002）根据后发地区的特征，认为区域创新系统中政府政策工具的选择应侧重以下方面：财税激励政策、金融信贷政策、人才激励政策、中介服务系统发展政策、中小企业发展政策、政府采购政策等[91]。黄乾（2001）研究了区域创新政策支持系统的构建原则、结构和运作条件等问题[92]。

3. 区域创新系统评价研究

由于区域创新系统明显不同于国家创新系统，因此必须寻求不同的方法来评价区域创新系统。从评价的观点来看，与区域创新系统最相关的方面是有关它们的大量隐性知识和情境特质（Autio，1998）。Fritsch（2001）运用知识生产函数方法测量和比较了11个欧洲区域创新系统的质量。研究结果表明，区域间的 R&D 活动生产力差异在某种程度上印证了中心—边缘范式，的确存在显著的有利于 R&D 活动的聚集经济[93]。官建成和刘顺忠（2003）运用 DEA 方法分析了我国各地区区域创新系统的特点，并对各系统的创新绩效进行了评价。根据各创新系统的特点和创新绩效，将我国各地区的区域创新系统进行分类，并针对每一类创新系统，提出了制定区域创新政策的建议[94]。之后不久，他们又运用 DEA 方法分析了我国各地区区域创新系统创新机构资源配置状况对创新绩效的影响，发现区域创新能力和创新绩效间没有相关关系，规模效益递增的区域较少。

（三）简要评述

上文对区域创新系统理论和建设研究进行了系统的回顾。区域创新系统问题已日益引起人们的关注，各国学者和政府部门也纷纷将其作为制定区域创新政策的重要依据。尽管如此，区域创新系统尚未形成一个完善的理论体系，目前还主要是以实证研究和案例研究为主，因此也缺乏对实践的普遍指导意义。展望区域创新系统研究的发展趋势，笔者以为可在以下几方面进一步展开深入研究：①运用产业集群理论研究区域创新系统的建设模式问题；②通过创新障碍分析以及政策比较来研究区域创新系统建设的政策问题；③开展区域创新系统要素互动的定量研究，深入把握区域创新系统的状态和运行情况；④结合国内实际，深入、系统地开展区域创新系统专题研究，为政府决策提供科学的依据和具有可操作性的指导。

本书系统全面地对核心企业、技术联盟、联盟伙伴的选择及区域创新体系进行了文献梳理。我们研究核心企业技术联盟这样一个新的组织形式并系统探讨其理论框架，必须要明确什么是核心企业，什么是技术联盟，联盟伙伴如何选择。这三个基本问题是研究核心企业技术联盟的三个基本概念要素，为第三章的研究做了很好的知识铺垫和知识准备。我们要研究区域集群联盟对区域经济的牵引机制，中间的联系因素就是区域创新体系，因此梳理区域创新体系文献是为第六章的牵引机制研究做准备。在文献回顾的基础上，结合本书自身研究的特点，尝试性地从区域集群中核心企业技术联盟的视角，探讨区域集群中的联盟对区域创新体系和区域经济的作用以及牵引机制无疑水到渠成，并具有一定的创新性。

第三节　本书的研究思路、研究内容、技术路线、研究方法

一、研究思路

本书总体的研究思路用一个形象的比喻来说就是：核心企业作为"根据地"，

如何组建一流的队伍，即核心企业如何选择最佳联盟伙伴，队伍组建好以后如何"打胜仗"，即核心企业技术联盟如何牵引区域经济的发展。按照这样的思路，首先本书分别讨论了技术联盟形成的理论基础，并进行综合比较；其次，从核心能力与核心能力共享角度解释核心企业技术联盟的理论框架；再次，运用价值链思想从企业组织管理方式和核心业务等方面描述了核心成员选择的一般分析，进而从网络关系的角度探讨了核心企业合作伙伴的特征及其选择过程，运用模糊理论构建了核心企业伙伴选择模型，并进行了实证分析；最后，探讨了核心企业技术联盟对区域经济的牵引机制研究。

二、研究内容

本书分为七章，主要研究内容如下：

第一章：绪论。本章主要阐述本书的研究背景、研究目的与意义，在国内外相关文献综述的基础上介绍本书的研究思路、研究内容、技术路线、研究方法以及主要创新点。

第二章：企业技术联盟研究的理论基础。这一章是本书研究得以展开的理论基石。对相关概念进行分析和界定，先后介绍了价值链理论、资源和能力理论、交易费用理论、社会网络理论及自组织理论的相关理论观点，并通过理论推演分析了这五个理论视角下技术联盟的形成动因和形成机理。这部分理论综述是下文核心企业技术联盟理论框架阐释和联盟伙伴选择模型构建等工作展开的前提。

第三章：核心企业技术联盟：基于核心能力的解释。第一，这部分从核心能力的国内外研究现状着手，综合比较了国内外核心能力的几种不同观点，提出了核心能力的知识观是核心能力的本质，进而界定核心能力共享的内涵，并分析核心能力共享的基本模式；第二，对核心企业及非核心企业进行比较界定，并从企业内外两个角度探讨了联盟网络中核心企业的影响力，以此对核心企业技术联盟进行理论界定，并从核心能力共享的角度探究了核心企业技术联盟形成的动因；第三，研究了企业核心能力与核心企业技术联盟的关系，以此来探讨联盟能力的培育方法；第四，从企业内外两个方面分析探讨联盟伙伴核心能力的识别方法；

第五，从知识联盟的角度研究联盟伙伴核心能力的培育理论框架模型；第六，分别从利益分配、风险防范、保障管理与信任管理四个方面系统研究了核心企业技术联盟的运行机制。这部分内容是本书的主体部分，从六个方面比较完整地研究了核心企业技术联盟的形成过程、特征、内涵，联盟伙伴的识别和培育方法及联盟整体的运行机制这样一个完整的理论框架体系。核心企业技术联盟的提法不多，进行这样系统全面的研究也不多见，这是本书的创新所在。

第四章：核心企业技术联盟的伙伴选择。这部分运用价值链思想从企业组织管理方式和核心业务等方面描述了核心成员选择的一般分析，进而运用信息不对称理论，从网络关系的角度探讨了核心企业合作伙伴的特征及其选择过程。突出强调合作伙伴的能力，尤其是核心能力是作为被选对象的关键。

第五章：联盟伙伴的综合评价。本章首先提出核心企业选择联盟伙伴的原则和标准，并结合现实中的可操作性构建了核心企业技术联盟伙伴选择的指标体系，并运用模糊理论，结合核心能力共享思想构建了伙伴选择模型，结合一个具体实例对该模型进行了实证分析。这部分内容是本书的关键部分，集中体现本书的主旨，也是本书研究的落脚点。可以说前五章都是"组建队伍"的过程，后面的研究体现为"如何打胜仗"的过程。

第六章：核心企业技术联盟对区域经济的牵引机制研究。首先，本章厘清区域集群与区域创新的关系；其次，从区域集群中最具活力的组成部分——区域核心企业技术联盟的角度，探讨了区域集群核心能力的培育过程，区域集群核心能力是促进区域创新与区域经济发展的关键因素，也是区域经济保持竞争优势的根本；再次，重点探讨区域技术联盟与区域创新的关系及区域集群技术联盟的创新效应；最后，从资源聚集拉动效应等四个方面重点论述区域核心技术联盟对区域经济的牵引机制，整个牵引的过程我们比喻为"联盟军打胜仗"的过程。

第七章：结论与展望。提出本书的研究结论，指出研究的局限性及后续研究的一些基本想法。

三、技术路线

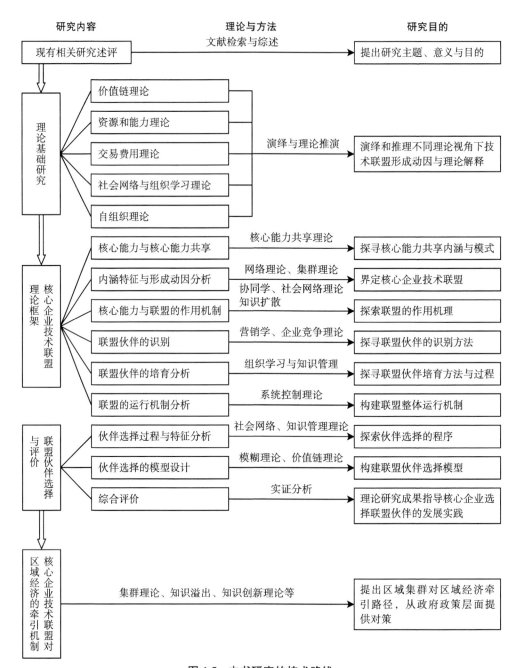

图 1.5　本书研究的技术路线

四、研究方法

运用交易费用理论、资源和能力理论、社会网络理论等经济学、管理学、社会学的相关理论，应用理论分析与实证分析相结合、规范分析与比较分析相结合、定性分析与定量分析相结合的研究方法，以区域集群和区域经济发展为背景，较为系统和深入地研究区域集群中的核心企业如何以自身的核心能力为基础，依据核心能力共享原则选择联盟伙伴组建核心企业技术联盟，并牵引区域经济的发展问题。运用模糊理论，通过设计相应的指标体系，建立了核心企业技术联盟伙伴选择的理论模型，并进行了实证分析。

第四节 本书的创新之处

本书的研究不仅丰富和发展了技术联盟和区域经济发展理论，而且对区域集群中的核心企业（主体企业）有效选择联盟伙伴、增强可持续的竞争优势有现实指导意义。本书的创新主要体现在以下几方面：

第一，对技术联盟形成的动因和机理运用经济学和管理的五个基本理论进行完整的文献梳理，并进行比较（特别是自组织理论）与探究。

第二，第一次提出核心企业技术联盟，并对其内涵、特征、形成机理、识别与培育、运行机制等理论框架进行系统研究与分析。

第三，在资源与能力理论基础上，对新概念"核心能力共享"与新理论"核心能力共享理论"进行完整探讨，将其运用到核心技术联盟的伙伴选择问题上来，并构建了完整的核心企业技术联盟的伙伴选择程序。

第四，尝试性地提出了核心企业技术联盟的伙伴选择原则和标准，立足于核心能力共享原则，运用模糊理论，设计了理论模型，并进行实证分析。

第五，将核心企业技术联盟"回归"到区域集群中来，从核心企业技术联盟的视角，探讨区域集群的核心能力，并以此研究区域集群核心企业技术联盟对区域经济的牵引机制与路径。

第二章 企业技术联盟研究的理论基础

本书涉及的企业技术联盟研究的理论包括价值链理论、资源能力理论、交易费用理论、社会网络理论以及自组织理论。下文在阐述五个理论基本内涵的基础上，分别探讨不同理论背景下技术联盟的形成及其特征。其中对资源和能力理论的分析，我们突出其中的核心能力理论，为第三章的核心能力共享理论做好铺垫，并进而为后文通过核心能力共享理论构建一个核心企业技术联盟选择联盟伙伴的理论框架打好基础。

第一节 价值链理论对企业技术联盟的解释

哈佛大学教授迈克尔·波特在《竞争优势》一书中创建了"价值链理论"，其含义是指企业从创建到投产经营所经历的一系列环节和活动，并指出联盟是和其他企业长期结盟，但并不是完全的合并，比如合资企业、许可证贸易和供给协定等[95]。联盟是同结盟伙伴一起协调或合用价值链，以扩展企业价值链的有效范围。企业创造价值的过程可分解为一系列互不相同但又相互关联的价值增值活动，即构成"价值系统"。其中每一项经营管理活动就是这一"价值系统中的价值链"。价值链中各环节之间相互联系、相互影响，一个环节的运行质量直接影响到其他环节的成本和收益。各环节对其他环节的影响程度与其在价值链上的位置有很大关系。任何企业都只能在价值链的某些环节上拥有优势，而不可能拥有全部的优势。企业组建技术联盟，在某些价值增值环节上，可达到"双赢"或多赢的协同效应，求得整体效益的最大化。

"价值链理论"利用企业价值链和价值系统这一分析工具，为企业技术联盟建立了一个基础性的理论框架。它强调在生产环节中的上下游，企业将自身的主要资源集中于价值链中的核心战略环节，进行互补生产，合作创造更大价值的机制。但是，随着科学技术的迅速发展及企业外部环境的变化，越来越多的产业内竞争性企业也通过结盟的方式来获取技术和资源，发挥强大的整合竞争优势。而价值链理论在对以相互学习为核心的竞争性企业技术联盟的研究方面还存在局限性。

第二节　资源能力理论对技术联盟的解释

企业技术联盟是获得外部资源和提升能力的重要载体，因此资源理论和能力理论对企业技术联盟具有较好的解释力度。资源理论主要研究合作性竞争中合作伙伴间的相互依赖性和结构稳定性。资源理论将企业组织等作为一种社会资源来研究，从而使其可以将组织内部及组织间的交换理论置于一个开放系统中去分析。B.Wernerfelt（1984）将资源定义为"依附于企业的半永久性的有形和无形资产"[96]，提出了资源对企业获利并维持竞争优势的重要意义。Collis 和 Mont-gomery（1997）指出企业资源观是建立在波特的竞争战略与核心能力两种理论基础上的[97]。Miller 和 Shamsie（1996）根据资源的模仿性障碍将所有资源划分为两大类：以产权为基础的资源和以知识为基础的资源[98]。

一、资源理论对技术联盟的解释

资源理论认为企业是实体资产、无形资产及能力三大素质的组合，企业的资产与能力决定企业的效率与成效，拥有最佳且最适当资源的企业会比竞争对手更容易成功。企业之所以盈利，是因为企业内部有形资源、无形资源以及积累的知识在企业间存在差异，资源优势会产生企业竞争优势。企业具有的价值性、稀缺性、知识性和不可复制性资源，可以产生成本低或差异化高的产品，是企业获得持续竞争优势以及成功的关键因素。企业的竞争优势来源于企业内部，依赖于企业异质性的、非常难以模仿的和高效的专有资源；企业有不断产生这种资源的内在动力，可保持企业竞争优势的不断形成和这些专有优势资源的不断使用。Sirmon 和 Hitt（2003）的研究表明，由于无形资产构成复杂且难以模仿，最容易形成竞争优势，联盟是获得无形资产的一个有效办法[99]。

另外，资源理论认为企业技术联盟存在的主要原因被归于资源的共享（Farjoun，1994；Robins，1995）。资源共享所能创造的竞争优势，主要是通过资源相似联盟和资源互补联盟实现。

资源相似联盟的理论基础是协同效应。相同产业的同类企业共享资源，不仅可以完成单个企业不能独立完成的目标，如研发一项新技术，而且可以发挥乘数效应，大大提高企业资源的使用效率和降低成本，实现规模经济。下文介绍一个简单的协同效应分析模型（这个模型是由安索夫模型转换而来）。

假设一种产品可带来 s 元的年销售收入，该产品的生产成本为 o 元，在工具、设备、厂房和存货方面的投资为 i 元。

产品的年投资收益率 $ROI = \dfrac{s_1 - o_1}{i_1}$　　　　　　　　　　　　　　　(2-1)

对其他产品 p_1，p_2，p_3，…，p_n，可以得到相同表达式。

如果各种产品之间不存在相关性，那么企业的整体销售收入可以写为：

$s_T = s_1 + s_2 + s_3 + \cdots + s_n$　　　　　　　　　　　　　　　(2-2)

整体运行成本 $o_T = o_1 + o_2 + o_3 + \cdots + o_n$　　　　　　　　(2-3)

整体投资成本 $i_T = i_1 + i_2 + i_3 + \cdots + i_n$　　　　　　　　(2-4)

整个企业的整体投资收益率 $(ROI)_T = \dfrac{s_T - o_T}{i_T}$　　　　　　(2-5)

其中，多个企业收益率是单个企业投资收益率的简单总和。

迈克尔·波特将企业业务单元之间的关联分为有形关联、无形关联、竞争性关联。以有形关联为代表，共同的客户、渠道、技术和其他因素的存在使得相关业务单元有机会对价值链上的活动进行共享，如果共享可以降低成本或者使与竞争对手之间的差异增加到足以超过共享成本的程度，那么有形关联就可以产生竞争优势，这种效应称为关联效应。如果存在关联效应和规模经济，对于一个和若干个企业销售收入总和相同的企业联盟，其运营成本会低于这些企业经营成本的简单数字加总，或者其投资小于这些企业的简单数字加总。

用公式表达就是：

$$O_T \geq O_S \tag{2-6}$$

$$i_T \geq i_S \tag{2-7}$$

其中，S 代表企业联盟，T 代表独立的企业数字意义的集合体。

可以得出，当销售收入相同时，企业联盟整体的投资收益率高于独立企业的投资收益率，即：

$$(ROI)_S \geq (ROI)_T \tag{2-8}$$

资源互补效应是企业结盟的重要原因之一，资源互补的前提是企业在资源结构上不同质，这些资源不是完全可以在企业之间流动的（Baney，1991；Ghemawat，1986；M.Porter，1986）。一个企业往往具备某一方面的优势，如果各个企业将互补资源联合起来，如一方提供技术一方提供市场，就会突破企业自身资源的约束，发挥合作效应。依据波特的价值链理论，各个环节对其他环节的影响程度与其在价值链上的位置有很大关系，互补联盟可以将各合作企业的价值链优化重构，因此企业联盟可以创造独特竞争优势。正如 G.B.理查森所言，企业间合作存在的主要原因是协调高度互补但不相类似的活动的需要。不相类似的活动使这种协调不能完全通过企业内的指令方式进行；市场也并非有效，因为它所需要的不是平衡某种东西的总供给与总需求，而是在数量上使各个企业计划相一致；通过企业间多样化契约安排进行的协调才是有效的，它可以降低交易成本和生产成本，推动技术联合开发，提供对相关企业的有效控制，也可以成为进入其他领域的桥梁[100]。

资源理论也认为，拥有关键性资源是建立联盟的前提。而联盟存在的必要性在于不完全流动、不可模仿和不可替代的资源可以通过联盟而获得，企业组建联盟正是因为当资源不能有效地通过市场交易或并购获得的时候，联盟可作为与其他企业共享或交换有价值的资源载体。资源理论强调每个联盟伙伴必须为联盟带来有价值的资源。

二、能力理论对技术联盟的解释

从能力角度分析，拥有核心能力是企业参与联盟合作的基础。能力学派在资源学派基础上，由企业外部转向内部，解释了一个企业如何基于内外部资源积累核心能力的问题。能力理论起源于企业的成长理论，最早可以追溯到经济学家马歇尔（1925）在其著作《经济学原理》中所提倡的专业化分工所导致的技能、知识和协调不断增加的企业内部成长论[101]。Penrose（1959）在《企业成长论》中进一步深入研究企业成长问题并提出了企业内在成长论的思想[102]。Richardson（1972）从企业与市场间的协调制度入手，提出了企业知识基础论，进一步发展了企业成长论[103]。Nelson和Winter（1982）在《经济变迁中的演化理论》一书中，从演化理论角度研究了产业和企业的能力演化[104]。以Wernerfelt（1984）为标志，能力理论分为两派：其中一派是资源基础论，成为一个比较完整的理论体系；另一派则延续能力理论对于企业能力的关注，提出了核心能力和动态能力学说，其中以Prahalad和Hamel（1990）的《企业核心能力》一文为标志，成为另一个比较完整的理论体系[105]。核心能力理论认为核心能力是一个组织的集体学习能力，特别是学习如何去协调多种生产技能和整合多种技术流程的能力。Kogut（1988）认为在两种情况下企业可能会选择技术联盟：一是获取别人的资源，比如技术诀窍、品牌、声誉等；二是保护自己的资源同时又能从利用别人的资源中获益[106]。

从企业核心能力的角度来看，企业联盟的目标就是通过控制和利用外部独特的战略资源或战略要素，强化企业的战略环节并扩展价值链以增强企业的总体竞争能力。企业要建立联盟，首先必须具备合作的资本，即核心能力。企业通过联盟获取的异质性资源和核心能力具有不可流动性、不可模仿性和不可替代性等特点。不可流动性是指当资源从一个企业向另一个企业流动时产生的巨大成本造成的流动困难。不可模仿性和不可替代性是指难以从别处获得相似的资源。资源的不可流动性、不可模仿性和不可替代性是企业可持续竞争优势的来源，同样也是企业建立战略联盟的原因。Barney（1991）从企业战略管理的资源学派思想（RBV）入手，构建起"价值、稀缺性、不可模仿性和组织（Value，Rareness，Ritability，Organization）"的 VIRO 分析框架，解释了企业拥有的资源和能力的潜在报酬，讨论了企业合作战略中暗中串谋和联盟对企业绩效的贡献，揭示了合作战略的选择权和企业竞争优势的关系[107]。

总体来说，资源能力理论认为，企业参与技术联盟的动因：一是获得盟友的技术秘密和其他互补资产；二是通过获取互补资源，加以有效的利用和整合，用来发展新资源、新技术和新的竞争优势。技术联盟的竞争优势在一定程度上依靠于盟友的互补性资产。

简评：资源能力理论解释了企业资源是如何在动态的竞争环境中驱动联盟获得绩效的，更加强调联盟组织间资源的重要性，扩展企业资源的利用空间、培育组织间的互补资源是建立技术联盟的重要动因。其中，企业能力理论主要着重从企业层面进行研究，以个体研究方法来解释联盟的行为和绩效，而忽视了联盟是整个社会经济系统中的一个子系统，其行为和绩效必然受到外界环境的交互作用和影响。资源基础理论承认产业分析的重要性，将企业的社会网络、知识视为企业资源，为技术联盟的社会网络理论、知识与组织学习理论打下基础。但是资源理论忽视了联盟的协调成本、市场的不确定性和资产专有性的研究，如在不同的市场竞争环境下，不确定性风险对于技术联盟的影响。

这里提出的核心能力理论是本书展开研究的重要理论基石，后文通过核心能力理论和核心能力共享理论的思想来组建核心企业技术联盟的理论框架正是从资源能力理论的思想中派生出来的。因此这部分的分析对后文的研究非常有理论价值和写作上的指导意义。

第三节　交易费用理论对技术联盟的解释

联盟的存在能有效降低经济体运行的交易费用。科斯于 1937 年在《企业的性质》中首先提出"交易费用"的概念，并在《社会成本问题》中将交易费用纳入社会成本范畴，把交易实质归结为产权的交换，从而推出产权界定与交易费用的关系，即交易费用大于零时，不同的产权制度下交易费用高低不同，实现的资源配置效率也不同。阿罗将"交易费用"定义为"经济制度的运行费用"。这与张五常所给的概念有些类似。张五常把"交易费用"定义为在鲁宾逊·克鲁索经济中不可能存在的所有的各种各样的成本，交易费用实际上就是所谓的制度成本。Williamson 超越了科斯对交易费用的理解，认为交易费用是经济体系运行的成本，将研究领域扩展到所有市场经济组织及各种经济组织中不同形态的"交易关系"，指出决定市场交易费用的因素分为人的因素和交易因素两组：人的因素即交易主体的人性假定是有限理性和机会主义的；交易因素主要指市场的不确定性以及市场中交易对手的数目。Williamson 开创了交易维度理论，利用资产专用性、交易频率和不确定性三重维度，指出了市场与企业之间存在着混合组织形态及相应的混合治理模式。在这三重维度中，资产专用性扮演着核心角色，资产专用性能产生可占用的专用性准租，其存在可能会引发机会主义行为，从而导致交易成本的升高，未来预期的收益具有不确定性。交易费用学说的发展和完善，使它适应于对任何能以交易协议方式表述的经济组织。作为一种独特的微观分析方法，交易费用为研究现代企业的产权结构、规模扩张、组织形式演进、竞争合作等问题提供了新的视角[108]。

交易费用理论是较早解释联盟的理论。交易费用理论研究一个组织如何组织它的边界范围，以使它的生产成本和交易成本最小化。在科斯的企业理论中，企业以非市场方式——科层组织对市场进行替代。科斯认为：第一，企业、市场都是一种配置资源的机制和协调经济活动的组织形式。企业最显著的特征便是作为价格机制的替代物。在企业内，生产要素所有者之间的交易被取消了，企业内部的权威决定要素的配置。第二，企业之所以存在，是因为企业内部组织的交易费用比通过市场进行同样交易的费用低。第三，企业规模的大小（企业之间的边界）取决于由于企业的存在而节约的交易费用与企业存在而引起的组织费用和管理费用之间的比较。科斯的观点可以归纳为：企业是作为价格机制的替代物而出现的，企业实际上是以企业家为代表的人力资本所有者与物质资本要素所有者之间的一组长期契约。因此，科层治理与市场治理被认为是两种基本的治理形式。但在联盟、企业集团这些企业之间存在交集的组织形式中，不仅是市场的价格机制在起作用，而且企业间的中间组织契约也发挥着效力。

Williamson 在早期的文献中将市场和科层制定义为组织的两种形式。后来，他也认识到组织间形式的重要性。Williamson 认为，企业的出现是不确定性大、交易频率和资产专用程度高的结果。Williamson 认为，生产要素交易过程存在着资产的专用性，如地点的专用性、有形资产的专用性、边干边学形成的人力资本用途的专用性等。由于这些资产专用性的存在，使得事先的竞争被事后的垄断或买方独家垄断所取代，结果导致将专用性资产的"准租金"占为己有，形成机会主义行为。他认为，用纵向一体化替代现货市场可以消除或减少各种机会主义行为，这是因为在纵向一体化的企业组织中，机会主义因受到权威的监督和长期雇佣关系而弱化。Williamson 同时还认为，当不确定程度、交易频率和资产专用性三个维度变量处于低水平时，市场则是有效的协调方式。而处于这两者之间的是双边、多边和杂交的中间组织形态，这种组织间关系是相对于市场或层级组织的另一种选择。传统的市场机制往往根据竞争者之间的相互关系分配资源，而传统的组织则是根据企业组织管理的目标来配置资源，两者都不能使资源的获取成本降至最低。而联盟能发挥乘数效应，通过对联盟内资源进行有效组织，避免市场内在的机会主义和监督成本，在维护联盟利益的驱动下，减少联盟伙伴机会主义行为的可能性，进而实现要素的共享，保证从投入到产出全过程的"节约"。[109]

简评：从交易费用观点来看，在给定生产要素的情况下，企业有三种选择，一是自己生产，二是从现货市场购买，三是和联盟伙伴合作生产。企业所有者将根据交易成本和生产成本的最小值做出资源配置的选择。虽然市场机制是解决资源配置的最优办法，然而市场中存在着不完全竞争、信息不对称、不确定性和机会主义行为，这些因素将导致企业寻求资源的内部一体化。当完全内部一体化由于竞争的交易成本很高或者受到限制时，进行合作就是最好的选择。当企业内不能充分利用已积累的经验、技术和人才，或者缺乏这些资源时，可以通过建立技术联盟实现企业间的资源共享，相互弥补资源的不足，以避免对已有资源的浪费和在可获得资源方面的重复建设。

技术联盟的建立使得资源的使用界限扩大了，一方面可提高本企业资源的使用效率，减少沉没成本；另一方面又可节约企业在可获得资源方面的新投入，减少研发投入，降低企业的进入和退出壁垒，提高企业战略调整的灵活性。交易费用理论研究的重心是交易成本、契约、代理和完全契约等，强调产权、信息不对称、机会主义和有限理性。它强调成本最小化，关注企业的竞争环境，侧重于对联盟内所投企业的控制机制的研究。但是它忽视了企业的生产属性和学习行为，无法合理解释联盟动机的动态变化等战略行为，以及联盟双方或多方所拥有的资源在联盟形成中的重要作用。

第四节　社会网络理论对技术联盟的解释

技术联盟是社会网络的重要表现形式之一，用社会网络理论解释技术联盟可以有效拓展联盟的理论空间。

社会网络理论于20世纪五六十年代开始出现，主要用于社会学问题的研究，但随着学科的交叉和理论的进展，社会网络理论被应用于除社会学以外的各个领域，并在有关企业的研究中拓展了社会网络理论的研究范围。特别是应用社会网络理论解释技术联盟、网络、集群等介于企业与市场之间的中间性组织，具有较大的解释力度。英国人类学家拉德克利夫·布朗首次在其著作中使用了"社会网"的概念，而英国学者伊丽莎白·鲍特在其著作《家庭与社会网络》中对社会网络的研究至今仍被社会学界视为社会网理论研究的范例。

对于社会网的研究，肖鸿在其对社会网理论的综述中，将社会网理论分为网络结构观、市场网络观、社会资源论、社会资本论和结构洞理论等[110]。罗家德（2005）则按照社会网理论的结构主义视角，将社会网理论分为七大部分：弱连带优势理论、强连带优势理论、结构洞理论、镶嵌理论、人际信任理论、社会资本理论和系统崩溃理论[111]。Gulati 和 Ranjay（1998）从社会网络观对联盟的形成、治理结构、动态演化及绩效进行了详细的研究，以外生资源依赖和内生嵌入驱动为起点分析了联盟的动态演化过程[112]。

网络理论是指拥有不同技能、资源的企业相互合作形成一个动态网络系统。网络结构在协作群体企业的共同防御和相互配合中发挥重要作用，既有利于提高各成员企业的自律性，又有利于在相互协调、共同运作的基础上促进彼此的交流，从而不断提高企业对环境、技术和市场急剧变化的适应能力。社会网络理论认为，在日益复杂多变和充满不确定性的动态环境中，所有的企业都处于一个或更多的网络中，网络中的企业结构也日益复杂化和网络化。

网络理论认为技术联盟是一种适应知识经济和组织创新要求的新型网络理论，联盟内部各节点通过协议或契约相互联结，各节点的企业专注于在价值链中具有比较优势的环节形成各自的核心能力，通过网络价值链的整合及管理，取得网络的竞争优势。同时，各个节点通过自组织、自学习、自我进化，促进整个网络的动态进化[112]。

技术联盟是一种特殊的社会网络，其行为主体是参与联盟的个人、企业、研究机构或政府部门等，这与其他企业网络并无太大差异。它的特殊之处在于网络中流动的资源主要不是有形资源，而是各种信息和知识。通过联盟这种社会化网络，可以降低企业价值链运作成本，缩短产品开发周期，但是，这也容易增加技术联盟伙伴之间的相互依赖性。另外，从网络的角度看，拥有更多交易权利的网络内联盟企业可以拥有更多的关系租金。在新市场中，小企业和声誉好的大企业结盟可以提高小企业的信誉度，增加企业在市场中的机会。社会网络观较好地解释了联盟的易变性。从网络观来看，联盟建立了周期交易的基础。联盟企业周期性地谈判，甚至联合决定资源的使用，因而这种功能可以由联盟去实现。同时，联盟是由行为者及其相互之间的各种关系交织在一起的集合体，它是联结各个行为者的桥梁，并以一定的结构存在、以一定的模式运行。而构成联盟的社会关系不仅是行为者之间的互动结构，更重要的，社会关系还是一种资源的载体，社会关系为行为者从网络中的其他行为者那里获取资源提供了一个重要的通道。联盟本身对行为者而言也是一种资源，是一种提供资源的"资源"。联盟不是一成不变的，随着环境的变化与时间的推移，原有的社会关系联结或得以强化，或得以弱化，与此同时，新的社会关系联结也在不断地生成。因此，联盟也是演进发展的，具有动态性，不论是网络的规模、结构还是网络内部的行为者都在不断地发生变化[109]。

简评：技术联盟作为企业间的网络化系统，使企业对资源的使用界限扩大了，能够实现企业间的资源共享，相互弥补资源的不足，减少企业资源的投入。而且，技术联盟是连接市场与企业的中介，发挥着"组织化市场的功能"。它通过乘数效应，对联盟内资源进行有效组织，实现要素的共享，从而保证从投入到产出全过程的"节约"，提高了开发效率。

社会网络理论为研究技术联盟成员的企业内外的知识、信息交换和融合、联盟复杂的结构关系等提供了有用的分析。但是网络理论主要立足于网络结构观，忽略了对网络成员间互动关系的分析。

第五节 自组织理论对技术联盟的解释

一、自组织理论概述

最初提出自组织的概念，是为了描述神经网络的功能，后来被引入控制论中用于理解人工智能问题，其含义是指可根据输入信息自动消除内部随机因素的影响，更确切地按输入指令行动。德国物理学家 H.哈肯于 20 世纪 60 年代末通过对热力学和统计学的考察，扩展了自组织的概念，形成了新的系统理论。按照协同学观点，自组织是一个系统的要素按照彼此的相干性、协同性或某种默契形成的特定结构或功能过程。自组织系统在特定的时空表现出混沌性，促使系统突破旧结构和旧功能的限制，实现系统的突变[113]。

自组织理论的研究对象是复杂自组织系统（生命系统、社会系统）的构成和发展机制问题，即在移动条件下，系统是如何自动地由无序走向有序，由低级有序走向高级有序的。其优势和长处在于：成功地解决跨部门、跨专业的协作问题；通过竞争进行优化和筛选。自组织理论主要由三部分组成：耗散结构理论、协同学和突变论。耗散结构理论主要研究系统和环境之间物质和能量的交换关系及其对自组织系统的影响等问题。协同学主要研究的是自组织形成的内在动力机制，即系统内部各要素之间的系统机制，是一门研究各个学科领域中关于合作、协作或协同的学说。所谓协同，按照哈肯的观点，就是系统中的诸多子系统的相互协调、合作或同步的联合作用、集体行为，使整个系统处在和谐发展状态的机制。突变论则建立在稳定的基础上，认为突变过程是由一种稳定态向新的稳定态跃进的过程。表现在数学上标志着系统状态的各组参数及其函数值变化的过程。

二、自组织理论对企业技术联盟的解释

企业技术联盟是目前企业技术合作的最新形式。由于参与联盟的企业之间是一种相互独立、相互平等的组织间合作关系，它们间通过既有竞争又有合作的双赢关系，整合不同企业的核心能力，使合作组织达到单个企业达不到的效果。根据协同学的观点，一个由许多子系统构成的系统，如果在子系统之间相互配合产生协同作用和合作效应，系统便处于自组织状态，在客观上和整体上就表现为具有一定的结构和功能。如果我们把每一个参与联盟的企业看成是一个子系统，那么技术联盟便是由这些子系统相互配合产生协同作用的社会自组织形态，其实质可以说是一种企业协同技术创新行为。可见，企业技术联盟可以说是一个具有自适应性、自组织性和高度协同性的开放系统。

从系统论的角度看，联盟成员面向市场，相互间不断地进行市场信息和技术知识的交换，从而保持各自的技术创新能力。同时各个企业也是一个由市场信息和信息反馈组织系统紧密连接起来的子系统。技术联盟的特点满足自组织产生的条件：首先，技术联盟是一个开放的系统，它不断与外界环境进行物质、能量和信息的交换，以维持协同创新活动的进行；其次，激烈的竞争环境使技术联盟内成员的协同创新活动远离平衡态；再次，技术联盟内部各子系统之间复杂的非线性相互作用，使系统均匀定态失稳，并逐渐远离原来的定态，成为协同技术创新的动力；最后，由于市场需求和科学技术发展引起的协同创新的随机涨落，经过联盟内部的非线性作用被扩大，并经过选择机制使技术创新得以扩散，使技术创新活动得以完成并成为经济发展的强大推动力。参加技术联盟的企业得到技术资源的互补或加强，共同构建了新的技术开发系统，由此形成正反馈机制。下文对这四个方面的条件做具体的说明。

开放性。技术联盟是一个开放的经济系统，这种开放性包括两层含义："对外开放"不仅包括联盟对同层次其他经济系统开放，也包括对政治、文化和生态系统等系统环境的开放；"对内开放"是指加强子系统的协同力、亲和力，使系统功能强化。开放性要求联盟不断地与环境进行人力资源、运作资金、信息及一

些硬件设备的交流。技术联盟本质上就是企业间、企业与外部环境间资源和能力的交流、整合的结果。

竞争与协同性。自组织理论认为：系统充分开放、远离平衡，为系统发生自组织演化创造了必要条件，而真正推动系统实现自组织演化的，则是系统内部的子系统间的非线性作用。在技术联盟中，一方面，存在自我强化、自我稳定的作用机制和"路径依赖"特征；另一方面，也存在着不断适应环境的行为过程和功能机制，以及学习效应和协调效应。这些作用机制和作用过程都不是线性的，不满足叠加原理，而呈现复杂的非线性作用过程。在技术高速变化的环境中，产品生命周期缩短，技术整合加强，面对增长的不确定性，企业技术联盟无疑是一种有效降低风险的组织形式。它不仅给联盟成员的协同创新带来了丰厚利润，而且为联盟成员间保持相对稳定的合作竞争关系提供了组织保障[114]。

非平衡性。自组织的过程是不可逆和非平衡的，这是系统有序演化之源。技术联盟内部的协同创新是随实践而逐步展开的，并与环境协同演化。在技术联盟内部，联盟成员个体是异质的；知识等资源的分布是有差异、非平衡的，盟友间利益的分配等也是非平衡的。

就联盟的学习效应和联盟成员之间的差异性而言，学习自组织理论认为：盟友间资源的差异性和联盟的学习效应成正比，即盟友间资源的差异性越大，联盟的学习效应就越大；反之，就越小。盟友间相互学习的结果是减少盟友之间的差异性和降低联盟的稳定性。自组织理论的重点就是解决如何以联盟成员的个体行为来推动联盟的总体行为。它认为：一方面，技术联盟正是由于其内在的差异性，构成了企业各自的核心能力，导致内部成员以及外部之间的要素流动频繁，负熵增大，并且由于它们的互补性，产生了联盟的协同效应；另一方面，由于这些差别，如企业文化、组织结构带来各种形式的冲突，从而降低了联盟企业合作的意愿和激励，联盟的协同效应由此受到削弱或抵消，此外，联盟内成员企业的核心能力也是相对的，它的转移或者变化导致竞争地位与实力的消长，从而对联盟的期限产生影响。

实时反馈。反馈是调整系统自身演进方向和运动轨迹的决定因素，是环境作用于系统的纽带。技术联盟的基本要素间及子系统间存在正反馈机制。联盟成员在实施技术联盟时，不断受到自身和来自政府方面的作用和影响，使参加技术联盟的企业得到技术资源的互补或加强，共同构建了新的技术开发系统，由此形成正反馈机制。而且，市场需求、技术开发等引发创新活动的因素相互耦合，既能产生加强技术联盟创新行为的正反馈倍增效应，加强了联盟成员的市场竞争力，又存在限制和削弱技术联盟创新行为的负反馈效应[115]。

三、自组织理论和其他关于企业技术联盟理论的比较

企业技术联盟是一个开放性的自组织系统，在企业技术联盟性形成动因、性质、企业组织形态、联盟内部的控制与协调等关于联盟的核心问题方面，不同的联盟理论有一定的差异。下文关于这四个方面的问题先做具体分析，再列图比较。具体分析如下：

关于企业技术联盟形成的动因和性质问题，传统联盟理论中的社会网络理论、交易费用理论和资源能力认为，通过技术联盟，可以增加联盟伙伴间的相互依赖，交换和整合知识、能力与特定的资产，占有关系租金，实现企业的超额利润。交易费用理论主要从成本费用的角度分析，认为企业技术联盟可以减少信息不对称和机会主义行为，比市场层级组织结构更有效地减少总的交易费用和生产成本。企业能力理论、资源理论、知识和组织学习理论从要素的角度把技术联盟归结为要素的集合体，企业利用技术联盟来优化资源配置，使资源的价值达到最大化。而自组织理论则是从形成和存在的条件来界定企业技术联盟，认为企业间在要素、能力等方面的竞争与协同是技术联盟形成的根本原因，企业技术联盟的形成和存在具有一定的内源性、客观性。传统的联盟理论则认为主观因素对于技术联盟的存续起到了主要作用。

关于企业技术联盟的组织形态问题，传统联盟理论中的社会网络理论、资源能力理论认为，企业技术联盟存在于具有相互信任、长期合作关系和战略合作意义的企业间，它们通过联盟获取其他合作伙伴拥有的"核心能力"或"核心资源"，与本企业的核心能力整合在一起，最大限度地发挥企业核心能力的杠杆作

用，培育企业的持续发展能力。联盟内部存在的是成员企业的合作博弈行为，通过知识和资源的共享方式创造竞争优势，实现多赢，联盟成员既要考虑自身利益，更要考虑联盟的共同利益。而交易费用理论认为，企业技术联盟是一种介于市场和层级组织之间，以契约为纽带形成的中间性组织形式。借助于一定的契约纽带，通过企业纵向等级结构与市场横向平行结构的相互渗透与融合，生成纵横交叉的协调结构，各交易主体间具有相对独立性和稳定性。企业能力理论、资源理论、知识与组织学习理论则认为企业技术联盟是能力的构筑与学习、整合资源、转移隐性知识的方式与途径，联盟的运作效率更多的是依赖关系资本的建立。可见传统的联盟理论仅从要素整合方式的角度来界定企业技术联盟的组织形态，而无法解释其相互作用关系对于联盟的影响。自组织理论认为技术联盟是一种耗散结构，作为一个开放的自组织系统，联盟内部各子系统之间存在着复杂的非线性作用，它们相互联系、相互制约，并决定着系统的状态和可能的演化方向。由于联盟的非线性作用，系统的发展会出现分叉，它对应于不同的联盟形式，如股权式联盟和非股权式联盟等。

关于技术联盟内部的协调控制和发展问题，传统的联盟理论认为基于核心能力的企业技术联盟的目标就是企业本身与整个联盟的核心能力的不断提升和发展，实现资源共享—整合创新—核心能力提升—绩效提高。企业技术联盟形成的前提是互惠和信任，其内部协调和控制的基础是联盟伙伴间的关系资本。良好的关系性契约将改善企业间的关系质量并加深双方的合作程度，对企业在联盟中的学习行为有很大的促进作用。传统联盟理论注重联盟内部的人、物、知识等的协调控制，但忽视了联盟外部宏观环境的协调作用。而自组织理论强调企业技术联盟系统内部的竞争与协同是联盟发展的动力，而非线性是系统本身固有的不断协调子系统的一种内在机制[115]。

下文从形成动因、性质、组织形态、内部协调机制和联盟发展五个方面对不同的联盟理论进行比较（见表2.1）。

表 2.1　传统联盟理论与自组织理论在企业技术联盟核心问题上的比较

基础理论	动因	性质	组织形态	内部协调机制	联盟发展
自组织理论	竞争与协同	实现正熵与负熵的均衡	耗散结构的自组织	非线性作用、初始条件、反馈机制在联盟控制中占主导地位	联盟体遏制正熵获取负熵的能力
价值链理论	在价值增值环节实现双赢	企业价值链扩展	价值链优化	盟友间价值链差异整合	盟友在价值链核心环节上合作
能力理论	相互学习与补充	能力集合体	能力整合	盟友间能力的整合	盟友间核心能力的关联与整合
资源理论	获取互补资源，增强竞争力	资源集合	资源的配置、利用整合的方式	盟友间资源的整合	盟友间战略性资源的互补与整合
社会网络理论	增强对环境的适应能力	连接市场与企业的中介	协作群体企业间动态网络系统	盟友间特定资产、知识和能力整合	通过自组织自学习促进网络进化
交易费用理论	通过制度安排和交易方式的选择来降低交易费用	一种交易费用最低而组织成本不高的制度安排	介于市场和层级间	强调合约、委托代理关系和监督	盟友间交易管理

资料来源：石良平.企业技术联盟的绩效评价［M］.上海：上海财经大学出版社，2006.

第六节　本章小结

本章先后从价值链理论、资源能力理论、社会网络理论、交易费用理论对技术联盟的性质、动因、组织形式、内部协调机制等问题进行研究，并将这些传统的理论与自组织理论进行比较。通过比较可以发现，资源能力理论、交易费用理论、社会网络与组织理论在联盟的动机上都有获取联盟伙伴核心能力这个共同点，在内部的控制与发展上，传统的三个理论都强调通过"核心资源共享"或者说"核心能力共享"来实现彼此间的信任与合作，达到共同发展的目的。传统的联盟理论一般强调联盟系统内部的竞争与合作是联盟发展的动力，而自组织理论在强调内部动力的同时，也突出外部宏观环境的非线性作用。总体来说，传统的联盟理论都强调联盟伙伴的"核心能力"，以求达到"核心能力共享"，因此下一章以核心能力和核心能力共享为主线索，构建核心企业技术联盟理论框架，并对核心企业技术联盟这样一个组织形态的内涵、特征、培育和伙伴的识别及运行机制等问题进行系统的探讨。

第三章 核心企业技术联盟：基于核心能力的解释

关于核心企业技术联盟，国内外文献很少提及，因此系统构建这样一个组织形态，并进行全面的研究与阐述具有一定的创新。

这一章集中研究核心企业技术联盟这样一个新的组织形态，全章以核心能力为主线，以核心能力共享为主原则来对核心企业技术联盟进行系统的理论构建。具体来说，我们回归到核心企业技术联盟组织形态内部，在全面分析核心能力和核心能力共享理论的基础上，首先剖析核心企业技术联盟的内涵、特征、形成动因，进而运用核心能力共享思想来洞察核心能力与核心企业技术联盟的作用机理；其次从联盟内部和联盟外部探讨核心能力的识别方法以及从知识联盟的角度（下文的分析我们指出核心能力的本质是知识）分析联盟伙伴的培育过程；最后我们将核心企业技术联盟作为一个具体组织，系统探讨它的运行机制问题。这一章是本书的关键部分。

第一节 核心能力与核心能力共享

一、核心能力的内涵、特征、本质及作用

自从普拉哈拉德和哈默正式提出核心能力概念以后，学者们对这一概念研究

很多，但事实上大多数人都无法肯定什么才是核心能力。正是由于人们对核心能力概念上理解的模糊和不统一，导致了核心能力理论在应用上的困难。因此，本章主要对企业核心能力的基本论进行研究，包括界定核心能力的一般含义，综合核心能力的特征提出了核心能力的本质，分析核心能力的载体，并对核心能力的功能和作用进行总结。这部分是本书的理论基础。

（一）核心能力的内涵

核心能力是企业持续竞争优势的源泉，为揭示出核心能力的内涵和本质特征，有必要对几组相关概念做出辨析。

1. 资源（Resource）与能力（Capabilities）

资源和能力是两个关系密切然而实质不同的概念，它们在经济发展中所起的作用也不同。所谓资源，就是可以被人们利用来创造社会财富的一切有形和无形的客观存在。Grant（1991）把资源定义为生产过程的投入要素，如资本设备、单个雇员技能、专利、商誉等项目。Barney（1995）认为公司资源（Firm Resources）包括所有的资产、能力、组织过程、公司特征、资讯、知识等。概括而言，资源包括有形的物质资源和无形的组织知识等。古典经济学中，强调了物质资源的不同配置而带来的不同的经济绩效；在资源基础论中，则强调了无形的组织知识等对竞争优势的作用[116]。

能力则指完成一定的任务或活动以及资源运用过程中所反映的技能。具体地说，能力是利用企业人力资本进行信息开发、传送和交换，对各种资源进行组织，从而使它们进行复杂的相互作用，获得较高利用效率，转化为最终产品的技能。彭罗斯（Penrose）认为管理本身可以被认为是一种资源，而管理行为和管理绩效则可以被界定为能力。从这个意义上说，能力是资源运用过程中所反映的技能[102]。资源和能力密切相关，资源的获取一方面创造了竞争优势的基础，另一方面提高了运用能力的可能性，能力因为资源的拥有而提高，资源因能力的潜在投入而被激活。资源本身并不构筑竞争优势，而要通过能力对资源的激活，提供出独特的价值—能力运用才能实现资源的增值，从而外在表现为竞争优势（魏江，2002）[117]。

2. 核心能力与企业竞争力

企业竞争力和核心能力是两个既有联系又有区别的概念。竞争力的特点是：具有可比较性、可计量性，一定程度上具有可交易性或可竞争性。通常企业的竞争力可分为四种：第一，企业在竞争过程中所发生的或者可以形成的各种关系；第二，企业所拥有的或者可以获得的各种"资源"，包括外部资源和内部资源，从而使企业具有某些优势，如人力资源、技术资源、社会关系资源、区位优势等；第三，能够保证企业生存和发展以及实施战略的"能力"：企业对环境的适应性、对资源开发控制的能动性以及创新性等；第四，不受物质资源约束而本身却能够物化为企业的资源和能力的知识或者学识，包括独特创意、观念、团队默契等。这些竞争力通常是企业活动的某一方面、某个领域的竞争力，属于浅层次的竞争力[118]。

核心能力通常是指企业所具有的不可交易、不可替代和不可模仿的独特优势因素，由竞争力的发展和提升而来，它往往难以直接比较和直接计量。核心能力不仅表现为关键技术、关键设备或企业的运行机制，更为重要的是它们之间的有机融合，是各种能力的进一步提升。核心能力越强，企业的整体竞争力也就越强。

（二）国内外学者对核心能力内涵的不同理解

1. 国外学者对核心能力内涵的主要理解

研读相关文献，国外学者对核心能力内涵的理解，比较典型的有以下几种：

第一种是技术和技能视角。C. K. Prahalad 和 G. Hamel 指出，核心能力是组织中的累积性学识，特别是如何协调不同的生产技能和整合多种技术流派的学识[105]。这个观点包括两层含义：其一，核心能力是属于公司而不是属于个人的资源，是组织共同具有的学识，并且是组织长期学习积累的结果；其二，核心能力是企业不同生产技能的有机协调和整合，而不是简单相加。G. Hamel 在其后发表的《核心能力的概念》中，又重申了这个观点，即核心能力代表着多种单个技能的整合，正是这种整合才形成核心能力。

第二种是知识的视角。Leonard Barton 认为，企业核心能力是指独特的（Distinctive)、不易被模仿的、很难交易的并为企业带来竞争优势的企业专有的知识和信息体系，它是组织的集体学习成果，由组织慢慢累积而成，而且能够持续不断地改善[119]。他认为核心能力作为知识包括四个维度：其一，组织成员所掌握的技能和知识集，包括企业的专有知识和员工的学习能力；其二，组织的技术系统，即组织成员的系统合成；其三，组织的管理系统（组织的管理制度影响着创造知识、学习知识的途径和热情，可能构成核心能力的一部分）；其四，组织的价值观系统，组织成员共有的价值观和行为规范。

第三种是资源和能力的视角。Oliver 认为，企业资源是企业获得持续高额经济回报率的基本条件，在获取资源时不同企业之间在决策和过程上的异质性构成了企业的核心能力。构成核心能力的资源具有稀缺性、独特性、专用性、不可模仿性、持续性等特征，企业只有拥有这种资源，才能在同行业中拥有独特的地位，这种地位来自其在资源确定、积累、运用过程中独特的能力。因此，核心能力就是企业在获取并拥有这些特殊资源的独特能力[120]。表 3.1 表示国外典型学者的基本观点。

表 3.1　国外核心能力的代表人物及其关注焦点

主要观点	代表人物	关注焦点
整合观	Prahalad 和 Hamel（1990）、Kesler 等（1993）	不同技能与技术流的整合
网络观	Klein 等（1998）	技能网络
协调观	Sanchez 等（1996）、Durand（1997）	各种资产与技能的协调配置
组合观	Prahalad（1993）、Coombs（1996）、科因等（1997）	各种能力的组合
知识载体观	Dorothy Leonard Barton（1992）	知识载体
元件—构架观	Henderson 和 Cockburn（1994）	能力构成
平台观	Meyer 和 Utterback（1993）、Meyer 和 Lehnerd（1997）	对产品平台的作用
技术能力观	Patel 和 Pavitt（1997）	用专利指示的相对技术能力

2. 国内学者对核心能力含义的不同理解

我国企业界、理论界对于核心能力有多种不同的理解。国内学者陈劲和王毅（1999）、胡峰（2003）等从整合观、网络观、协调观、组合观、知识载体观、文化观、元件—构架观、平台观、资源观、专利技术能力观等对核心能力做了界定，如表 3.2 所示。

表 3.2 国内核心能力代表性的观点

主要观点	代表人物	关注焦点	能力表示或维度
资源观	李悠诚、杨浩	无形资产	技术、技能和知识
资产、机制融合观	程杞国、王秉安	多种技能、互补性资产	硬核心能力（核心产品、核心技术）、软核心能力（经营管理）
消费者剩余观	管益析	消费者剩余	企业特有的足以胜过竞争对手的所有要素
体制与制度观	左建军	企业体制与企业制度	企业体制、企业制度
能力观	丁开盛、周星	技术能力与营销能力	技术能力与营销能力
创新观	陈清泰	创新	专利份额、技术优势、管理能力
组合观	郭斌	各种能力组合	技术能力、组织能力、市场化能力等
文化与价值观	史东明、许正良	企业文化与价值观	企业文化与价值观

3. 本书对核心能力内涵的界定

上述各种观点都对核心能力内涵做出了各自独立的解释，分别通过突出强调企业某种能力或某几种能力的作用来说明企业之所以取得竞争优势的原因。笔者在综合多种学者观点的基础上，将核心能力界定为：核心能力是企业在获取、配置、运用资源过程中，有机整合一系列互补的技术、技能而累积起来的知识体系，是能够使企业在一定时期内维持持续竞争优势的根本所在。这个界定包括了以下含义：

第一，核心能力是一种能力体系有机整合的结果，其本质是各种知识。核心能力是企业拥有的专业技能与知识，但不是简单地堆积，而是有机整合后形成的合力。这些专业技能和知识被称为"核心要素"，并且，这种整合力会以某一种或几种能力具体来发挥其功能。

第二，企业核心能力具有路径依赖性。由于各企业在获取、配置资源的过程中所表现出的内部能力是异质的，不存在具有完全相同能力的两个企业，任何两家企业所经历的发展过程都不会完全相同，这决定了企业核心能力的独特性，内部能力的异质性是企业间竞争优势的根本源泉。

第三，企业内的一系列能力具有互补性、多层次性，组成一个平衡系统。企业作为一个整体，是一个有机的运营系统，企业所拥有的各种能力是相互联系、相互补充的，任何一种能力离开其他能力的支撑和配合将不再有存在价值。核心能力的持续生存和发展，是以各种能力为核心的各类资源和要素共同作用的结果。同样地，企业的能力体系也应该是平衡的，诸多方面优势显著的企业，如果在某一方面有着明显的能力劣势，也可能在竞争中失败。

（三）核心能力的特征

对核心能力基本特征的剖析，可以进一步认识它的内涵，为构建核心能力分析体系提供依据。与一般的能力相区别，核心能力有以下几方面的特征：

第一，异质性。从经济学的角度，异质性是产生企业竞争优势的基本条件。核心能力作为企业竞争优势的来源，必须是独一无二的、和竞争对手有着较大差异性的，这种差异可以表现为技术、成本、治理结构、管理体系、人力资本等某一方面，也可以是各种能力的综合体现，是一组先进技术的和谐组合。

第二，价值性。核心能力是持续竞争优势的源泉，因此它必须有利于企业效率的提高，能够使企业在创造价值和降低成本方面比竞争对手更优秀。同时能够给消费者带来独特的价值，即经济学上所说的消费者剩余。

第三，延展性。即核心能力具有强大的辐射作用或溢出效应。企业一旦建立了自己的核心能力，就能以核心产品为平台将其组合到相关的业务中来，从而不断地推出创新成果。也就是说，企业某一方面核心能力的形成可以在相关领域衍生出许多有竞争力的技术或产品，给企业带来进入多个潜在市场的方法，从而为企业带来规模优势和经济效益。

第四，难以模仿性。核心能力是企业累积性学习和集体学习的结果，深深地烙上了企业组织的烙印，它具有路径依赖性和模糊性的特点，因而使竞争对手难以模仿，尤其是那些基于团队工作、文化和组织程序的能力则更加难以模仿。如海尔集团在售后服务上的核心能力，是基于海尔集团的社会资本——海尔文化、海尔集团的组织资本——海尔管理和海尔营销服务网络等两方面综合作用的结果。它既不是单一的能力，也不是可以从组织中分割出来的能力。它是随着海尔的成长而发展起来的竞争能力，很难被别的企业模仿[121]。

（四）核心能力的本质——知识

知识观认为核心能力是企业专有知识和信息，它包括四个维度：技巧和知识基、技术系统、管理系统、价值观系统。这些知识通过人员和组织学习得到，而且与辅助能力、操作能力相互作用而实现。知识观认为，核心能力是提供特定经营中的竞争能力和竞争优势基础的多方面技能、互补性资产和运行机制的有机整合，其中的核心内涵是企业专有的知识体系。

核心能力的知识观也可以从传统的资源观、文化观中找到验证。如资源观认为，不同企业在获取战略性资源时在决策和过程中存在异质性，而核心能力就反映企业在获取并拥有这些特殊资源的独特的能力。文化观的核心能力研究则认为，企业核心能力存在于企业的操作子系统和文化子系统中，其关键是拥有专业的、缄默的知识。核心能力根植于复杂的人与人、人与环境的关系。由于文化可以看成是一种为组织所认同的、存在于整个组织的知识系统，由此，核心能力的表现形式同样是知识[121]。

可见，虽然从不同的角度讨论，但企业核心能力的本质可以归纳为：是企业特有的知识和资源，它存在于企业的人力资本、组织资本、环境、资产、设备、技术、管理体制等不同的载体中。福斯（Foss，1998）认为，通过"企业能力"，我们发现企业有一种特殊的"知识资本"，这一资本确保企业从事生产经营活动，尤其促使企业以自己特定的方式更有效地处理生产经营活动中的各种现实难题。正是因为知识是构筑核心能力的根本，所以，企业要提高其核心能力，一方面要通过不断的组织和个人学习获取具有自身特征的知识；另一方面又要通过与外部交流，发掘和利用外部知识，并与内在知识结合，给获取的外部知识加上企业自身特有的印记，使之具有专有性、不可复制性、稀缺性等特征[122]。

简单来说，核心能力的本质是知识，就是将竞争优势的源泉从原来有形的物资形态转向了无形的知识形态，即竞争优势来自于具有企业特性的、不易为外界获取和模仿的知识体系。由此，可以这样认为，由特定知识及知识体系构成的企业核心能力将是当前企业获得持续竞争优势的基础；而对企业自身所拥有能力或知识的应用将是实现持续竞争优势的根本保证。

二、核心能力共享的内涵及其理解

核心能力共享是本书的基本出发点，将要贯穿整篇文章，因此必须有一个明确的定义。然而目前还没有文献对单独核心能力共享进行界定，主要原因是还没有以核心能力共享为主要研究对象的文献。因此，下文将通过共享这个词的本意以及目前已有的与核心能力共享相关的一些概念的研究与借鉴，演绎出关于核心能力共享的一般含义。

（一）共享的原始含义

"共享"一词最早出现在专有名词"共享税"中，即中央和地方共同享受税收收入的意思。王同亿主编的由三环出版社1990年出版的《语言大典》指出，"共享"表示接受者对于原为其他人所有的某物接受部分应用、享受或享有，或在一起享受或庆祝[123]。最新《汉英词典》上给出的对应于共享的英语词汇是"Enjoy Together"，Shareo对于"Share"这个词的解释中对应有下面的中文词语：共享、分享、均分、共有。一般认为，共享的对象也许是实物，也许是行为、观点、能力等无形的东西。特别要注意共享不但意味共享成果、利益，也意味共同承担风险、灾难。可以认为，共享是指两方或多方共同拥有、共同应用、共同享受、共同承担。

（二）共享的相关概念

要探求核心能力共享的含义，不妨首先界定一下与核心能力共享相关的一些概念。主要有知识购买、知识的转移与扩散、知识共享相关概念。

1. 知识购买（Knowledge Acquisition）

马克·A.姆森和萨莫松·W.（Mark A.Musen 和 Samson W.，1993）在《产生细化任务知识购买的解决问题模型》一文中提到："当前对于智能系统的知识购买，多将重点集中在利用已有的解决问题模型来定义区域只是在解决特殊任务时的作用。"[124] 可见关于知识购买的研究在技术方面已经比较深入。

2. 知识的转移与扩散（Knowledge Transfering and Diffusion）

在企业内部，将某个部门的最好做法或惯例转移到企业内的其他部门以增进知识的应用是企业取得优良绩效所必需的。由于知识的内部转移比外部转移较少地受到保密性、合法性等制约，内部转移应当是较快且复杂性较小的。但知识的特征、知识源的特征、接受者的特征和知识转移发生的环境特征都影响知识转移。

3. 知识共享（Knowledge Sharing）

知识共享指知识通过各种交流方式为组织或组织中其他成员所共同分享。知识共享可从两个维度进行分析。

首先，知识共享的一维分析，是指从知识性质（显性和隐性）的单一维度来讨论知识共享问题。野中郁次郎（Ikujiro Nonaka）提出了在任何组织中创造知识的四种基本模式[125]，如图 3.1 所示。

图 3.1　知识转换图

第一，社会化（Socialization），即通过共享经验产生新的意会性知识的过程；第二，外化（Externalization），即把隐性知识表达出来成为显性知识的过程；第三，综合（Combination），即显性知识组合形成更复杂、更系统的显性知识体系的过程；第四，内化（Internalization），即把显性知识转变为隐性知识，成为企业的个人与团体的实际能力的过程。

其次，知识共享的二维分析。是将知识的载体区分为个人、团队、组织及组织间四个层次。个人知识到组织间的知识转化也有社会化、综合、内化和外化等环节。这两个维度知识的相互作用使得知识得以共享，并使个人和组织知识库不断扩展。

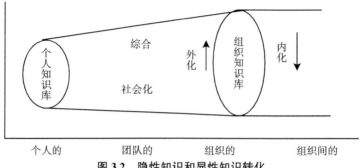

图 3.2　隐性知识和显性知识转化

（三）核心能力共享的内涵

我们首先梳理现有的文献相关学者对核心能力共享的有关论述，然后对核心能力共享的概念做一个一般的界定。

1. 核心能力共享的有关文献综述

关于核心能力共享，很多知名学者在其文章或著作中虽然没有系统论述，但是都有不同程度的涉及。例如，普拉哈拉德和哈默在《哈佛商业评论》上发表的《公司的核心能力》指出，核心能力不会随着使用而递减，它不像物质资产那样会随着时间的流逝而损耗，相反，它会随着其应用和共享而增强。文章还指出，3M 公司极度多样化的业务组合遮盖了该公司内部广泛共享的表现在底面、涂层以及黏合剂上的核心能力；著名学者查里斯·希尔在其著作《全球环境下的国际商业竞争》的第十四章"进入与战略联盟模式"中也曾多次使用过核心能力共享这一名词，并且给出了福特和马自达共享核心能力的实例 [126]。

阿米·辛德和威廉·艾贝林（Amy Snyder 和 William H.Ebeling，1992）提出了运用核心能力战略的四条重要准则。准则一：避免累赘罗列；准则二：高层管理人员就核心能力问题达成一致；准则三：注重核心能力在组织中的杠杆作用；准则四：要在企业外共享核心能力 [127]。他们认为一旦高层管理人员就核心能力问题达成了一致意见，他们必须不断增强这一核心能力，并使其在整个组织内广泛共享、加强管理，以保持这一竞争优势。同时也要在企业外共享核心能力。

伦敦商学院康士坦丁·马克兹教授（Constantions Markies，1997）在《斯隆管理评论》上发表的《战略创新》指出，利用现有核心能力的方法有三种：一是共享核心能力（Sharing Core Competence），二是重复利用核心能力（Reusing Core Competence），三是扩张核心能力（Expanding Core Competence）。伊夫·多兹也指出"要共享和扩散竞争力并不容易"，个人的暗默性竞争力可能是最难以分享的，除非在一种"大师—学徒"关系中，它提供了一种类似于中世纪旧式同业工会的监督和学徒过程。集体的暗默性竞争力并不能够被完全说清楚，但是在师徒关系中，大师的解说与学徒的领悟可以转移这种竞争力[128]。

综上可知：核心能力概念提出后，核心能力共享就是核心能力研究中的内容，已经有不少知名学者对其进行了论述，虽然至今还没有出现对于核心能力共享的系统研究，但是出现上述诸多共享理论论述已基本说明了核心能力共享概念的正确性，而且这些理论论述也为本书对核心能力共享问题进行深入系统的研究奠定了基础。

2. 核心能力共享的内涵

核心能力共享是指双方或多方共同拥有、共同使用核心能力，共同享受由此带来的利益，共同承担由此产生的成本和风险。

核心能力共享定义的诠释：

其一，共享必须在两方或多方之间进行，因此，它不包括核心能力的单方面重复使用和购买。例如，企业购买专利、技术秘诀等就不构成核心能力共享。

其二，共享不能简单理解为共同享受，还包括共同拥有、使用、享受、承担等多种多样的方式，共享不仅包括成果的共享也包括风险和成本的分担。

其三，共享既可以指竞争对手之间、技术联盟或合作联合各方之间，也可以指企业内不同单位或部门之间。因此核心能力共享包括内部共享和外部共享两类。因此，我们将核心能力共享用于技术联盟形成的动机是比较合适的，可用它作为联盟选择合作伙伴的基本原则[129]。

（四）核心能力内涵对核心能力共享的理论逻辑阐释

1. 核心能力的知识本质决定核心能力可以共享

前文关于核心能力的分析表明，核心能力的本质表现为知识。这个观点可以从很多学者的论述中得到印证。例如，普拉哈拉德和哈默指出："核心能力是组织中的积累性学识（Collective Learning），特别是关于如何协调不同的生产技能和有机结合多种技术流的学识。"该定义表明，积累性学识是指保证这种学识的独特性，因而才被称为核心能力。可见准确理解核心能力要从两个层次上来看，即从本质上来讲，它是知识，但它有多种多样的表现形式。既可以表现为有形的物质和知识，更多的则表现为各种无形的技能技术。只有这样理解，核心能力概念才不会显得那么抽象，才能对企业战略制定有实际帮助。

普拉哈拉德和哈默的另一代表作《公司的核心能力》指出：核心能力需要培养和维护，如果不对它加以使用，知识就会退化。既然核心能力从本质上看是知识，而如前所述知识共享早已经成为理论界研究的焦点，成为企业竞争的有力武器，因而不难得出结论：核心能力具备被共享的基本属性。核心能力的知识本质决定核心能力可以共享这个观点是成立的。

2. 核心能力的基本特征并不排斥共享

杰伊·巴尼认为核心能力的判断标准应该是具备价值性、稀缺性、难以模仿性，很多人认为核心能力具备暗默性和难以模仿性，因此共享这种形式的核心能力是不可能的。即便能够共享，也将导致核心能力的损失和贬值，同时也丧失稀缺性，因此企业也不可能有共享的动机。但实际上这是一种错误认识[129]。

核心能力并不总是无形的或暗默的，认为核心能力不能共享、不具备共享的意义这一错误认识的问题之一在于对核心能力概念的理解上有偏差，认为核心能力必然是无形的或暗默的。而实际上它有时也表现为有形知识，例如，索尼公司的核心能力是"微型化技术"，微软公司的核心能力是"优秀的软件"，柯达公司的核心能力是"卤化物成像材料、非卤化物成像材料、精密薄胶卷、光机电一体化、成像科学、成像电子学"。

3. 共享并不必然意味着核心能力的转移

认为核心能力不能共享、不具备共享的意义这一错误认识的问题之二在于对共享的概念作了狭义的理解，即认为共享就意味着必须亲自拥有、使用，事实上共享并不必然意味着核心能力的转移，共享核心能力的结果也是一种共享方式。也即，共享可以是假借他人的手来达到自己的目的。

4.科学技术使得共享环境已经基本形成

认为核心能力不能共享、不具备共享的意义这一错误认识的问题之三在于没有意识到共享环境已经形成。实际上核心能力共享已经到了应该引起人们高度关注的时候了，其理由表现为：其一，科学技术的飞速发展使得共享成本迅速下降，互联网的普及使个人、企业、社会之间的信息沟通效率较之以往提高了成百上千倍，因而共享中的协调成本与妥协成本大大下降；其二，共享核心能力能够增加企业核心能力的歧异性，从而增加核心能力的价值，延长核心能力的寿命，提高企业的竞争能力，共享往往能产生新的核心能力；其三，共享能分摊巨额创新成本[129]。

第二节　核心企业技术联盟的内涵与特征

一、核心企业与非核心企业的界定

第二章我们对核心企业进行了文献综述，了解到核心企业一般存在于供应链中，与其他企业组成一个联盟网络。核心企业的作用和地位在集群中表现比较充分，在集群中核心企业成为联盟创新网络的中心，具有非常重要的地位。因此我们首先要对核心企业和非核心企业做一个对比分析，看看它们在联盟网络的角色和地位，在此基础上对什么是核心企业技术联盟做一个全面的界定。

（一）核心企业与非核心企业

Hitt 和 Ireland（2000）提出建议，他们认为研究网络结构和不同公司群体所扮演的角色对于理解正在出现的新领域是至关重要的[130]。因此在研究核心企业技术联盟的问题时，本章首先分析在该联盟中扮演重要角色的两类企业，即核心企业与非核心企业。核心技术联盟由几个处于中心地位的企业进行管理并引领技术发展的方向，其他小企业通过不同的方式参与合作，它们结成联盟的目标一致，但实现目标的方法路径不同。一般来说，处于中心地位的这些企业占据了联盟的主导地位，它们拥有内容广泛的研发活动及长期积累的实践经验（Arora 和 Gambardella，1990）[131]，我们称为核心企业。因此在许多联盟活动中，需要这类企业发挥导向作用，确定最适合本产业的技术，协调联盟内部成员的行为，并发展每个参与企业的核心竞争力，为联盟创造价值。

核心企业技术联盟通常由核心企业来组织和拉动，它们一般在网络的中心地位，掌握核心技术，具备市场地位和声望，并管理联盟成员日常活动、引领技术发展方向。一般情况下，核心企业在同行业中规模相对较大，但也不排除部分新兴行业或是高技术产业中存在掌握核心技术的中小型龙头企业。相应地，我们将处于联盟网络非中心位置、通过不同方式参与技术合作的相对弱势企业，称为非核心企业。

（二）核心企业是联盟活动的主导者

在联盟网络中，合作与竞争共存，但竞争的尺度应介于价值链与价值链网络之间。因此，每个参与企业的实力大小关系着整个联盟的竞争力。面对这样的环境，核心企业应充分运用自身丰富的经验和技术上的优势，在管理企业间学习的同时，为联盟中其他企业创造价值。

张晖、蓝海林（2004）分析了联盟网络中中心企业的价值，他认为中心企业对联盟网络进行管理和监督，并提供激励，避免其他成员企业发生损害网络伙伴利益的行为。中心企业还通过参与网络为成员企业提供发展的机会[132]。此外，Kale 等（2001）学者调查了 200 多个技术联盟，他们发现，在联盟中建立一个独立的管理联盟企业的新联盟，比没有建立这种管理职能的联盟的合作成功率高出 50%。而组成该新联盟的成员，主要是技术联盟中拥有较强实力和声望的大企业[133]。

核心企业发展每个参与企业核心竞争力的能力，将为知识在合作伙伴中的循环流动打下牢固的基础。为了提高核心企业技术联盟整体的竞争力，核心企业利用自己的影响力和号召力与联盟外企业以及其他参与联盟企业建立联系，获取知识和信息，另外，经过知识和信息的筛选后，将其传递给其他参与成员。对处于产业链不同位置的参与企业而言，核心企业提供的市场需求信息及新知识、新技术，为它们进行各自的研发工作指明了方向；对于核心企业而言，帮助联盟中其他成员提高技术水平、发展核心竞争力，不但会加快成员对新知识的学习速度，促进知识共享，而且也将提升本企业地位，实现联盟总体最优化。

（三）非核心企业是联盟活动的重要参与者

核心企业技术联盟通常由核心企业来组织和拉动，在结构上，我们认为它是由一个或几个主导企业充当企业群体的核心，把其他相关企业吸引在核心企业周围构成的一个网络。毋庸置疑，核心企业处于网络的关键位置，而非核心企业组成的群体亦占据了重要位置。

在"中心—卫星型产业集群"实践中，许多核心企业的原材料库存很少，甚至没有。譬如许多汽车企业实行"直上工位"的采购方法（要求供应商在规定的时间将合格的零部件直接送到核心企业规定的工位上去），非核心企业为了满足频繁的小批量送货，通常采用高额的库存来提高对订单需求的服务水平。实际上，非核心企业接受了核心企业转嫁的库存，才能保障整个集群活动的有效运转。

Hagedoorn 等（2000）分析 1985~1995 年国际生物产业技术联盟的网络密度和联盟数量时发现，在该产业的创业阶段，大量的小型生物科技公司占据了网络的枢纽位置，因为对于大型制药公司来说，这些小公司被视为在新行业中的重要创新源[5]。随着生物科技领域渐进成熟，小公司比大公司更容易形成研发合作，因此其仍是制药公司的首选合作伙伴。Senker 和 Sharp（1997）认为，小企业作为研发网络的重要角色，在区域经济发展中，地位不会减弱[134]。

知识经济时代里，技术水平是企业赖以生存的关键因素，对于非核心企业而言，参与知识合作、响应核心企业调整配套产品技术的要求，是提高本企业核心竞争力的途径之一。此举也可以帮助联盟内其他成员吸收新技术，促进联盟及所在产业的发展。因此可以看出，非核心企业群体是核心技术联盟中技术创新的重要力量，它们参与联盟内知识转移的积极性将影响联盟整体活动的效率。

二、核心企业的影响力

上一节从核心企业和非核心企业的比较角度对核心企业的作用和地位做了简单的分析。那么，在联盟网络中，核心企业的影响力到底如何，其决定因素有哪些？对联盟作用途径如何，是我们需要进一步明确的问题。

（一）核心企业影响力的内涵

影响力，通常表现为一种控制能力，是一个行为主体影响其他相关行为主体的能力。本书认为，技术联盟中核心企业影响力的内涵是：核心企业为适应市场需求的变化而通过开展技术创新联盟网络中协调、控制、信息服务等具体活动，在技术创新联盟中建立的能够影响其他企业生产、经营和决策的能力。在联盟网络中，这种能力呈现出异质性和难以复制性，从而使核心企业的影响力不同于一般企业。

一般的研究把核心企业的共性特征作为分析其影响力的出发点。决定核心企业影响力的因素包括其自身的技术创新能力（内部决定因素）和其在技术联盟网络中的特征（外部作用途径）[135]。

（二）核心企业影响力的内部决定因素

技术联盟创新网络的影响力直接决定了核心企业自身的技术创新能力。首先，核心企业的规模决定了企业占有的市场份额。张伟峰、万威武（2004）等研究了美国式技术创新网络，认为网络中的核心企业往往是大型企业，并且拥有强大的市场份额[136]。Vlachopulou 和 Manthou（2003）也认为核心企业在企业联盟中往往是规模最大的一个企业，并且领导着整个联盟的发展，对各联盟伙伴的生产活动进行协调[137]。

其次，联盟创新网络中的核心企业，必须拥有其他企业所不具有或者难以模仿的核心技术能力，这里把技术定义为企业拥有的在产品生产或者工艺方面的技能，如可口可乐公司的饮料配方等。同时，核心企业所具备的核心技术能力在其行业内的不可替代性决定了其在技术联盟创新网络中的地位。

最后，网络中知识的吸收能力也是决定核心企业影响力的一个重要因素。企业的知识吸收能力指：对于外部信息，企业认识其价值并吸收和应用于商业终端的能力。Cohen 和 Leviathan（1990）从技术创新的路径依赖性角度出发，认为核心企业往往拥有先进的技术资产和能力，拥有比别人更强的寻找、吸收新的有用知识的能力，更加容易创造新技术、新工艺，吸引研究人员、投资者和技术人员，提高企业的技术创新能力[138]。Rogers（1999）认为核心企业是技术创新网络中大量信息的汇集地，因此与网络中的其他企业相比更容易创新[139]。

（三）核心企业影响力的外部作用途径

核心企业在技术联盟创新网络中所表现出来的特征往往是影响力的作用途径。核心企业的影响力只有通过这些途径才能传播到其他企业。在技术联盟创新网络中与某企业有联系的企业越多，那么该企业对联盟创新网络的影响力越强。在社会网络的分析工具中，通常将"企业连接度、信息流强度、破坏性"三个指标作为度量企业重要性的变量，技术创新网络在一定程度上也属于社会网络，因此，可以把其当作反映影响力作用途径的变量引入对核心企业影响力的评价因素中[135]。

企业连接度表示与企业有着直接联系的企业的数目。Dyer 和 Nobeoka（2000）从实证的角度具体考察了丰田公司创新网络的演化过程，认为作为核心企业的特征在于与网络中所有其他企业有着直接联系，对各盟伙伴的生产活动进行协调[140]。

通过核心企业的信息流强度表明了核心企业影响其他企业 R&D 的能力。Hansen（2002）认为联盟网络中核心企业在知识的传播过程中往往是传播中介[27]。王能元、霍国庆（2004）等从信息流的角度出发，认为虚拟企业是以盟主为核心构建的。盟主企业大多属于知识型企业（这一点与我们在后文的研究中通过知识联盟的方式来培育联盟企业的核心能力的观点是相同的）[141]。马士华（2000）论述了核心企业在供应链中的地位和作用，在这个过程中核心企业是作为供应链的信息交换中心而存在的[142]。Owen-Smith 和 Powell（2003）研究了波士顿的生物技术创新网络，强调了核心企业能够改变贯穿整个网络的信息流[29]。

破坏性从另一个角度评价了核心企业对技术联盟创新网络的影响力，席酉民、唐方成（2002）较早采用了破坏性与重要性等价的思路，并建立了一系列测度公式[143]。

核心企业影响力要素如图 3.3 所示。

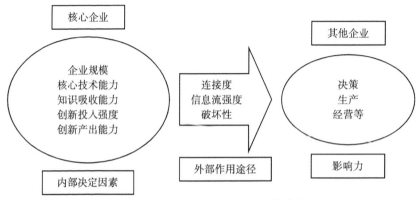

图 3.3 核心企业影响力决定因素[135]

(四) 内部影响因素、外部作用途径和影响力的作用关系

对于规模比较大的企业，由于其资金充足，占有市场份额较大，其他企业在选择合作伙伴时，往往优先选择这些大型企业。所以其连接度不同于技术创新网络中的其他企业。另外，Gay 和 Dousset（2005）通过实际调查发现生物制药创新网络中几个连接度比较大的企业都拥有被认为是行业中关键智力资产的技术专利权和所用权[144]。Robinson 和 Stuart（2002）认为某些拥有高科技技术的企业，由于其技术的不可替代性，和它联系的其他企业在研发时必须和它建立广泛的联系，进行有效的信息交流[145]。

Cowan 和 Oxnard（2004）研究了技术创新网络中的知识扩散，认为核心企业的知识吸收和整合能力保证了网络持续的核心竞争力[146]。所以这类企业如果退出网络，将使网络中的信息流中断。创新投入强度和创新产出能力会影响企业的技术创新能力，因此也会对企业在网络中的重要性产生影响。同时，企业在网络中的连接度、信息流强度和破坏性等特征发生变化后，不仅会促使企业规模发生变化，而且会导致企业的知识吸收能力和核心技术等发生改变。

三、核心企业技术联盟的内涵与特征

前面两节我们都在探讨核心企业在联盟网络中的作用和地位，以及联盟网络中核心企业影响力的具体表现及形成影响力的各个不同的要素，那么，对于核心企业技术联盟网络到底如何界定，它具有哪些基本特征，在这里我们应该做一个具体的研究。

（一）核心企业技术联盟的内涵及其理解

通过第二章我们对核心企业的文献综述，不难发现，核心企业能够提出可以共享的商业理念，倡导企业之间彼此信任与互利的文化，具备选择和吸收优秀伙伴的能力，且具有较高的成长率、创新能力，更善于吸纳各种资源并在整个行业中占有一定的市场地位。具有一定的市场资源和核心能力是核心企业的两个基本特征。在此我们不妨给核心企业下一个一般定义：核心企业是指在某个行业中，能够凭借其核心能力决定的独特的竞争力，在市场上吸引与之有业务关联的大批企业与其合作，并且能够向顾客提供有价值的产品和服务的企业。

在界定了核心企业的基础上，我们再来界定"核心企业技术联盟"。在当今全球经济一体化背景下，企业之间的竞争是全球范围的竞争，很多企业为了谋求可持续发展，相互之间组成长期的、战略性的利益联盟。我们可以将"核心企业技术联盟"界定为："某一个核心企业以其核心能力为基点，吸引一批合作伙伴与其建立技术联盟关系。核心企业协同或委托这些伙伴企业完成一部分业务工作，并重新设计业务流程，以团队方式一起工作，使每个企业都能发挥自己的优势（如设计、研发、制造和分销等），为联盟贡献自己的核心能力，实现优势互补，风险共担，使联盟中的每个企业都能获得更大的收益。"不难发现，核心企业技术联盟这种组织形式，打破了企业原有的价值链结构，实现了产品、技术、客户、物流等资源的重新组合和优化，开辟了新的竞争领域并避免资源浪费。

（二）核心企业技术联盟的特征

核心企业技术联盟是一种基于核心能力的战略资源整合的企业合作模式。可

以降低单个企业内部的供应链成本、提高单个企业的响应速度和效率，并进而提高其产品和服务质量，对增强企业的竞争力有重要作用。从单个企业来讲，在其价值链的每个环节都面临与所有潜在竞争对手进行横向竞争，单个企业不可能在所有经营环节都保持绝对优势，往往在某些价值链环节上本企业拥有优势，而在另一些环节上其他企业却拥有优势。因此，为了能在激烈而残酷的横向竞争中获取战略优势，唯一的方法是企业把有限的资源集中到少数几个能够为顾客带来独特价值的业务上，并且选择同样具有竞争优势的合作伙伴来协调价值链上的其他环节。不同企业集中精力在各自具有比较优势的环节上发展自己的核心能力，并在各自的优势环节上展开相互合作，聚合彼此的核心能力，从而形成更大的合力。这样一来，价值链中的每个环节都分别由效率最高的合作伙伴来完成，就可以实现各个环节对价值链增值的最大贡献。相应地，价值链上各节点企业也实现了最大限度的增值，从而达到共赢的协同效应。

核心企业技术联盟作为一种新的企业组织模式，其最突出的特点在于：联盟内各企业突破传统企业组织的有形界限，彼此之间建立战略联盟关系，通过有效整合企业内、外部资源，最终实现企业的战略目标。

四、核心企业技术联盟的形成动因：基于核心能力理论的解释

在第二章我们对联盟伙伴选择进行了文献回顾，以上我们分析了核心企业技术联盟的内涵，并对这种组织模式的特征进行了分析，但是反过来，我们不得不思考哪些企业会选择技术联盟、谁与谁形成联盟这两个问题，对这两个问题的分析是我们进行动因分析的前提。

哪些企业会选择建立技术联盟？在第一章理论部分我们回顾了社会网络对联盟形成的影响，从企业层面进行研究的经验表明，企业进入技术联盟的倾向性不仅受到企业财务和技术属性的影响，而且受到它们所处的社会网络的影响。如一些研究使用了企业与先前的战略伙伴所形成的社会网络来证明，企业原先的战略联盟越多，在网络中就越处于中心的位置，也就越易于建立新的战略联盟关系 (Kogut B.等，1992；Gulati R.和 M. Gargiulo，1997)[147],[148]。一些类似的发现也

证明，企业在不同的社会网络中如果处于中心地位，就比较容易建立新的技术联盟。这一论点所依据的研究样本主要包括：生物技术企业之间的战略联盟网络（Powell 等，1996）[149]，半导体企业与其专利利用企业之间的网络（Podolny 和 Stuart，1995）[150]，以及那些半导体企业中的顶级管理团队（Eisenhardt 和 Schoonhoven，1996）等[151]。每个网络都指明了一种不同的潜在机会，并促使企业建立更多的联盟。

谁会与谁形成联盟？在一项关于 20 年间联盟形成的研究中，Gulati 分析了可能进入联盟的双方公司的一些要素（Gulati，1995）。该研究所调查的社会网络是企业原先所形成的技术联盟的积累，被调查的社会结构的影响是由企业之间直接或间接的联系所得来的。研究表明：已经建立的联盟企业更倾向于共同进行深层次的联盟。这个结果也证实了企业之间间接联系所带来的在信息方面的好处，从前没有联系过的公司如果拥有一个共同的联盟伙伴，或者在联盟网络中所处的位置比较接近的话，那么，这类公司形成战略联盟的机会也比较大。

网络结构也会影响到战略联盟伙伴的选择。企业在网络中所处的地位决定了向潜在合作伙伴传递信息的机会，这是因为企业地位对自身名气和社会显著性有着直接影响。企业知名度越高，就越能有机会接触到各类知识源，进而获得更多的合作机会，提高企业的吸引力。因此，企业在网络中所处地位的判断，在选择联盟对象这一特定环境下是非常重要的。在建立技术联盟的过程中，潜在伙伴所处的网络地位会成为企业选择联盟伙伴的衡量标准之一，而这一地位是由已建立的联盟或与其形成联盟关系的伙伴所决定的。这一现象还引发了一些非常重要的行为结果，若企业因合作伙伴在网络中所处的地位而增强了自身吸引力的话，那么，该企业将有机会去寻求更高层次的合作伙伴。虽然特殊原因（如获得一项新技术）会促使一个高地位企业与低地位企业进行合作，但根据不确定性条件下运作的"相似性原理"，这种情况几乎很少出现（Gelatin 和 Westphalia，1997）[152]。

研究者们曾对日本汽车制造商在北美重建其类似于日本的关系模式的程度进行研究（Martin 等，1995）。结果表明，除了一些与买卖双方相关的战略因素外，曾经建立过类似联盟的经历也是再建类似关系的重要原因。企业之间进行联盟的历史越长，它们在北美重建联盟的机会就越大。企业建立战略联盟并不仅是为了建立社会网络，最主要的原因还是建立企业间的战略互补关系。而企业所拥有的社会关系网络有助于其选择那些拥有互补资源的企业，并与其建立新的联盟关系。虽然这种互补的经济优势是企业建立联盟所必需的，但它并不是唯一的原因[153]。

简评：核心企业所选择的联盟伙伴在很大程度上与其有很大的相融性、相通性。具体来说联盟伙伴应该与核心企业实行核心能力的互补，在信任的基础上达成文化的相融性。核心企业技术联盟这种组织形式的实质是若干个企业的核心能力强强联合的结果，具体表现在技术、人力或其他资源上存在着较强的互补性。企业间核心能力互补性越强，伙伴间联系就越紧密，合作利润也越高。

核心企业技术联盟通过合同契约关系联系在一起，这种契约关系是建立在信任、开放、忠诚的基础上的，因此联盟稳定性高低在很大程度上取决于企业间相互信任程度的高低。联盟内部在信任的基础上形成的企业文化使各联盟伙伴之间呈现高度的相融性。核心能力的知识观认为，知识是形成核心能力的基础，特别是隐性知识，因此，核心企业技术联盟也可以说是基于知识的联盟。各联盟伙伴是通过共享"知识基"的方式相互学习的，更重要的是学习对方以隐性知识表现出来的核心能力。实践表明合作伙伴间企业文化的相融性越强，企业间的集成就越深，合作双赢的可能性也就越大。

（一）技术联盟形成的一般动因分析

通过前面的文献梳理可以看出，企业技术联盟形成动因代表性的观点有：企业参加技术联盟是为了获取其未能掌握的技术（Harrigan，1988）[154]；参加企业技术创新联盟是为了学习新的技术（Clarke，1999）[155]；企业参加技术联盟是为了适应急剧变化环境中技术的快速变化（Harrigan，1999）[156]等。这些研究对企业技术联盟形成的动因做出了部分合理的解释，但都只是从某一特定的角度而不是从系统的角度来解释与阐述企业技术联盟的形成，因而难以说明企业加入技术联盟的深层次原因。我们可以将企业技术联盟形成的动因归纳为：企业技术创新的速度越来越快，一个企业如果不能紧跟技术前进的步伐，就有可能被市场淘汰，即使大型的企业也存在这一方面的压力。技术创新需要企业有很强的经济和技术实力，否则很难跟上技术创新的步伐，这就要求具备各种技术专长的企业之间密切配合，而以核心能力为基础组建的企业技术联盟正好能满足这一要求。

（二）基于核心能力的核心企业技术联盟动因分析

以核心能力为基础形成技术联盟是 20 世纪 90 年代以来很多成功企业广泛采用的组织形式，它是社会分工协作组织深入发展的结果，是企业核心能力外部市场化的一种战略途径，也是企业之间外部市场交易实现企业内部化的高度分工协作的战略体系，其形成动因可以从企业生产经营的"归核化"趋势、知识共享和知识溢出效应两个方面来考察。

1. 企业资源的"归核化"动因

巨人大厦的"瞬间倒塌"给我们的启示是：多元化或一体化扩张经营战略会分散企业拥有的资源，增加企业的操作成本和风险成本，甚至带来致命风险。基于核心能力的技术联盟经营形式能够把企业资源配置集中于决定企业竞争优势的核心产品、核心业务或核心经营环节，即"归核化"，只要这一关键环节得到强化和提高，企业就会达到领先地位，避免了有限资源分配过于分散的问题。下文从交易费用理论、价值链理论和资源基础理论三个方面探究"归核化"形成的理论基础。

首先，基于交易费用的解释"归核化"动因。科斯（Coase）运用交易费用经济学解释企业边界时遵循这样的逻辑：企业规模必然达到这样一点，即在企业内协调一项交易的管理成本等于在市场上通过价格机制协调这项交易的费用。对于某企业最后一项交易的协调，如果价格机制的交易费用大于企业的管理成本，那么该企业的规模就应该扩大；相反，如果企业的管理成本大于价格机制的交易费用，那么该企业的规模就应该缩小[157]。可以看出科斯关于企业进行边界和范围的选择，通常是对市场收益和成本进行比较而做出决策的。

对此，运用交易费用经济学可以从理论上对回归核心业务解释为：由于外部环境变化速度加快，信息流通更加便利快捷，市场机制更加健全，市场激励也日益明显，创新能力和柔性成为企业赢得竞争的重要因素，因而企业内部管理成本增大并超出了价格机制的交易费用，处于过度多元化的企业应该采用适度规模及范围缩编，即将企业内部那些激励不足的业务推向市场之中，这样不仅可以更好地促进这些业务的发展，而且可以使企业降低组织成本，集中精力发展核心业务，增强企业的竞争优势。

其次，基于价值链理论的解释"归核化"动因。波特"价值链"理论认为：企业是一个综合设计、生产、销售、运送和管理等活动的集合体。企业要生存发展，必须为企业的股东和其他利益集团（员工、顾客、供货商等）创造价值。企业创造价值的过程分解为一系列互不相同但又互相关联的经济活动，或称之为"增值活动"，它包括基本增值活动和辅助性增值活动，其总和构成企业的价值链。每一项经营管理活动就是这一价值链条上的一个环节。价值链的各环节之间相互关联，相互影响。一个环节经营管理的好坏可以影响到其他环节的成本和效益。

价值链各环节所要求的生产要素各不相同，任何企业都只能在价值链某些环节上拥有优势，而不可能拥有全部增值环节的绝对优势。不同的企业只有在具有比较优势的环节上强化自己的核心业务，提升核心能力，才能在市场竞争中拥有较强的竞争优势，这便是企业回归核心的原动力。而要实现各个环节对价值链增值的最大贡献，必须在各自成功的关键因素——价值链的优势环节上展开合作，从而达到整体利益最大化。各企业的优势环节正是各企业核心能力的表现，因此在价值链不同环节上，各企业基于核心能力形成技术联盟而开展合作也是增强各企业竞争优势的重要途径[158]。

最后，关于资源基础理论的解释"归核化"动因。以巴尔奈（J.Barney）等学者为代表的《资源基础论》将企业资源划分为财务资源、物化资源、技术资源、商誉资源、人力资源和组织资源等同质性资源和知识、经验、技能、判断力、适应力等富于变化的异质性资源。他们认为，正是这些形态各异的异质性资源造就了企业持久的竞争优势，也正是这种异质性为企业"独占"某些资源提供了可能，从而造成了其他企业所难以模仿的资源障碍[159]。

从资源基础论可以看出，任何企业都不可能在所有资源类型中拥有绝对优势，即使是同一类资源在不同的企业中也表现出很强的异质性，从而构成企业资源互补融合的物质基础。也就是说，相对于企业不断提升的发展目标来说，在资源和目标之间势必存在着某种战略差距。为此，企业可以通过与具有互补性资源的企业建立联盟，实施归核化战略，以充分利用企业组织外部的"共享"要素，发挥各自异质技术优势和管理经验，有效克服资源缺位障碍，从而形成新的竞争优势和新的利益源泉。这种竞争优势和利益源泉既来自于竞争中的合作和矛盾的协调，也来自于回归核心之后资源再配置效率的提高；既来自于高新技术的加速发展和联合应用，也来自于新市场的快速形成和先行优势。

交易费用理论从企业外部市场及自身管理成本的比较角度指出，处于过度多元化的企业需要进行规模及范围的缩编；价值链理论立足于企业价值链的核心环节，推进业务缩小经营范围来回归核心；资源基础论强调企业依据自身核心异质资源开展经济活动。可见，任何一个企业都不可能在所有业务上都具有竞争优势，只有突出自身优势，开展突出核心业务的归核化经营，实现各企业的优势互补，才能实现互利共赢。

2. 通过共享知识资源，发挥核心能力"溢出效应"动因

前文分析可以看出，知识（这里是指广义的知识，它表现为不同的形式，如技术、产品、管理能力等）是核心能力的基础。按知识的属性、获取和传递的难易程度，可以将它划分为显性知识和隐性知识两类，显性知识易被对手识别和学习，隐性知识难以模仿、不易复制。所以，隐性知识比显性知识更能创造价值，它是企业形成核心能力和创造财富的源泉和基础。而一个企业所拥有的关键性隐性知识，如专利技术、专有技术、经验等都是特殊产权，如果传递出去则会失去核心能力和竞争优势。所以，这些隐性知识所有者具有的垄断和独占心理，使得隐性知识可以为人们感受，却无法像其他的生产要素那样可以通过市场交易、交流或服务传递出去。但是，基于核心能力的技术联盟内部企业形成了利益相关群体，能够在最大程度上进行较为广泛的知识传递和交流，这样，联盟企业可以尽

可能多地从其他合作者处获取所需的隐性知识，通过与企业内部知识相融合或转化为企业内部知识，达到增强企业核心能力的目的。而且，联盟内企业之间核心知识互补性越高，他们之间的相互依赖性、信任度、利益相关性就越高，企业间核心知识开放的窗口就越大，共享的"知识面"就越宽，核心能力的"溢出效应"也就越大[160]。

我国很多企业经过转轨时期的多元化发展，必要的分工与协作、竞争与合作的发展格局还没有形成，出现资源配置分散，无法集中力量培植各自的核心能力；产业链的上下游配套和产业关联度也不高，专业化分工协作水平低，导致产业效率低下。如今，以知识为主体的全球经济一体化趋势日益明显，企业的核心能力也更多地表现为知识、客户忠诚度、与合作者合作能力、企业文化等软件要素。上述从核心能力的角度探讨技术联盟形成的动因表明，我国企业应该选取价值链中比较窄的部分，收缩经营范围，将资源集中于最能反映企业优势的核心领域或核心环节，培植自身的核心能力，通过组建技术联盟，把自身的核心专长合理地与外部优势资源有效整合，降低成本风险，取得持续竞争优势。

第三节 核心能力与核心企业技术联盟作用机理

一、企业核心能力与核心企业技术联盟的关系研究

联盟伙伴具备核心能力是组建核心企业技术联盟的前提。核心企业技术联盟主要是针对企业核心能力或核心资源的一种整合，即将投资和管理的注意力集中在企业本身的核心能力上，核心能力是竞争优势的基础，企业无论大小，只要建立起核心能力，在关键环节上做到优于其他企业，就有了坚实的竞争基础，就可以在竞争中取得明显的优势地位。而一些非核心能力、自己短时间内不具备或不需要具备的核心能力转向依靠外部的盟友企业来提供。要求参加核

心企业技术联盟的成员必须有能够为联盟贡献自己的核心能力，而这一能力又是核心企业技术联盟需要的，从而避免重复投资，降低核心企业技术联盟组建的成本。因此在建立核心企业技术联盟之前必须对企业本身和参加伙伴的核心能力进行深入的分析和明确的定位，这样才能建立起一个更加有效的核心企业技术联盟。

核心能力是核心企业技术联盟组建的前提要素。理由有两点：第一，一个企业不可能拥有竞争所需的全部资源，因此利用自己有限的资源形成自己的核心优势就显得尤为重要，没有了自己的优势就失去了合作的基础，也就只能成为其他企业的附属基地；第二，核心企业技术联盟中企业与企业之间是一种"强强"联合，这就要求参加的企业必须有自己的特点和优势，否则就没有机会合作。

核心企业技术联盟盟主（核心企业）必须能够迅速地将抓住市场机遇所需的各类优势源整合起来。这就需要企业明确自身的核心能力与所需要的核心能力，了解准盟友企业的核心能力，从而为核心企业技术联盟盟主选择盟友企业奠定基础。

二、联盟能力的培育过程

随着核心企业自身的发展，它的联盟经验不断累积，就会不断增强其联盟能力。一般而言，根据联盟能力由弱到强的发展，大致可以分为三个阶段。

第一，初始阶段，也称投机阶段。指企业为了某个特定的目的而建立联盟，企业很少进行联盟知识和经验的积累，也不重视学习机制的建立。这一阶段的企业，其联盟能力势必较弱，无法满足企业联盟的需要。

第二，企业自身能力扩张阶段。指企业在进行联盟组建时，引进特殊的专业人才，依靠他们进行联盟知识的收集和运用，从而累积了一定的联盟经验，培养了一定的联盟能力，这个阶段没有形成良好的学习机制和传播机制，这种联盟能力也无法成为企业的一种持续的竞争能力。

第三，稳定阶段，也称制度化阶段。这是最为成熟的一种建构联盟的方法，指企业通过建立联盟知识的学习机制和建立正规的联盟程序，依靠一批企业员工通力合作和致力于联盟能力的培养。处于这一阶段的企业，其制度化的联盟能力对于核心企业的成功具有深远的意义，具体表现为积累最佳联盟惯例、建立联盟规范和形成联盟竞争力三个阶段[161]。

根据上面的分析，可以构建出简单的以核心能力为基础的核心企业技术联盟的构建框架图示，如图 3.4 所示。

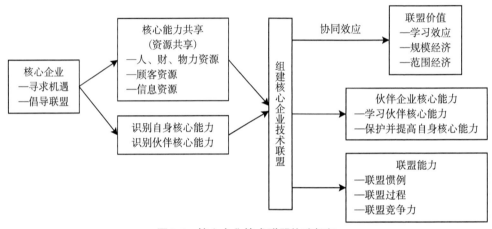

图 3.4　核心企业技术联盟构建框架

三、核心企业技术联盟核心能力的合成与发展

(一) 核心企业技术联盟核心能力的合成环节

核心企业技术联盟核心能力合成包括搭建共享的信息系统、以共赢为目的的分工与协作、共享伙伴的核心能力及设计利益分配的激励措施四个基本环节。

1. 搭建共享的信息系统

各成员企业的信息系统应该是相互连通的，建立一个共享数据库进行充分信息交流，各成员企业应该把共享的知识都放在上面，每一个成员企业都可以通过互联网来访问该数据库，了解核心企业技术联盟的运作情况。此外，核心企业技术联盟各成员之间应该有一个决策支持系统，以便对企业运作过程中出现的问题做出及时决策。

2. 以共赢为目的的分工与协作

在核心企业技术联盟中，各成员企业都有明确的分工，这样，每个企业可以集中全部的力量专注于自己的工作，增强自己的核心能力，而把其他方面的事情留给最擅长该业务的伙伴去做。根据分工原理，每一个盟友企业都会在这种分工中得到好处，从而提高它们核心能力的水平。另外，又使得各成员企业在更高水平、更高层次上进行合作。这就能够产生更强大的合力，促使核心企业技术联盟核心能力的形成。

3. 共享伙伴的核心能力

如果某一个伙伴拥有一种卓越的核心能力，那么通过组织学习、信息交互等途径，可以使得整个核心企业技术联盟形成这种能力，使它变得更有价值。根据现有的经验共享方法主要有：以顾客为中心的组织学习、联盟团队和人员轮换两种。

4. 设计利益分配的激励措施

在核心企业技术联盟运作过程中，各成员企业的贡献大多数情况下可能是不相等的，要根据各自贡献的大小分配相应的利益。否则，贡献大的成员企业就可能减少合作的范围，降低合作的程度，从而减少对核心企业技术联盟的贡献，这不利于形成最强的核心企业技术联盟核心能力，最终因不公平的利益分配而导致联盟解体[161]。

（二）核心企业技术联盟核心能力的发展

要实现核心企业技术联盟的可持续发展，就需要得到在合作过程中联盟伙伴充分的相互信任与利益分享，加强联盟核心能力的维护，要保证即便出现意外情况也不影响以后可能的合作。另外，在合作结束后，原来的合作伙伴之间要加强联系和沟通，了解相互发展的现状和加强对未来发展战略的相互理解，为以后合作提前做好准备，以便能更加高效地组建核心企业技术联盟。如果核心企业技术联盟解体以后，核心企业技术联盟的核心能力并没有消失，而是由现实的显性竞争力转变为可能的隐性竞争力，只要以后机会来临，组建新的核心企业技术联盟后，这些隐性竞争力经过短暂的磨合就能迅速恢复为强大的现实的竞争力。

第四节　联盟伙伴核心能力的识别

企业核心能力分析的目的是使企业认识自身与盟友企业的核心能力，根据分析结果组建核心企业技术联盟，选择盟友企业。这样不仅需要识别联盟伙伴核心能力的类别，而且要对各个联盟伙伴企业的核心能力进行比较、选择与组合。因此，核心能力的识别也就分为两类，定性识别与定量识别。定性识别的任务是要分析企业核心能力的类别，如制造能力、营销能力、设计能力、采购能力等。定量识别就要在此基础之上，对假设盟友企业的核心能力进行分析、比较，选择出最佳核心能力组合。

Prahalad 在《企业核心能力》一书中认为企业核心能力能够至少从三个方面来辨别：从企业角度讲，核心能力具有延展性，为企业所广泛采用，能够为企业提供一条通向各种不同市场的潜在道路。从顾客角度讲，核心能力能够为顾客增加产品价值，而且顾客也会意识到。从它的模仿性角度讲，核心能力是一个复杂的、关于个体技术和产品技能的协调能力，是企业长期经营和积累的结果，因此是竞争对手难以迅速模仿的。某些企业可能获得某些包含核心能力的关键技术，但是已很难全面地复制一个企业的核心能力的最关键部分，那就是企业文化和学习模式。

以上所讲的三个角度为我们识别企业核心能力提供了思路，但也仅仅涉及了核心能力的一部分特征，要想全面而准确地识别企业的核心能力，必须从多方面、不同的角度研究，根据企业核心能力的各方面特征做出正确判断。

由于企业核心能力更多表现在专用性资产、组织结构、企业文化、积累知识等隐性和动态要素方面，因此，核心能力的外部识别应该从有形（资产）和无形（知识）、静态（技能）和动态（活动）、内部（企业）和外部（顾客和竞争对手）等多角度、多层次着手，这样才能更好地理解和识别，进而培育和保持核心能力[161]。

一、联盟伙伴核心能力的内部识别

下面我们从企业关键技术能力、价值链增值活动与知识价值创造三个方面来识别联盟伙伴核心能力。

(一) 关键技术能力分析

Prahalad 和 Hamel 主要是从关键技术能力着手分析核心能力。在市场竞争中，某个企业能够超越其他企业成为胜利者，关键在于其具有超乎其他企业之上的某种能力，而这种能力往往正好是企业所在产业成功的关键所在。这种能力可以表现为研发能力、采购能力、生产能力、营销能力及销售能力等。这种能力优势就来源于企业在这种职能中具有与众不同的技能。如果这种能力是关于生产质量的，该企业可能在制造技能方面或全面质量管理上具有优势；如果这种能力是关于服务的，那么该企业将需要在服务技能上通过设计更优秀的系统或更简易的服务来拥有某些优势。

通过技能来分析企业的核心能力，就是要发现企业所在产业中最具关键性的能力，这种能力能够使一个企业在竞争中获得胜利，而别的企业却难以仿效或获得这种能力。

(二) 价值链增值活动分析

核心能力的价值链分析是以联盟伙伴企业的价值活动为基础的。企业是一个由一系列相互连接活动组成的体系，而不是个别活动的简单组合。其中有些活动的经营业绩好于竞争者，对最终产品或服务是至关重要的，这些活动就可以被称作具有核心能力。从价值链角度看联盟伙伴企业真正的核心能力是价值增值活动，这些价值增值活动能使联盟伙伴企业以比竞争者更低的成本获得更好的结果，正是这些独特的持续性的活动构成了企业真正的核心能力。

(三) 知识价值创造分析

核心能力可以被认为是关于如何协调企业各种资源用途的知识形式。经合组织（OECD）将知识分为四种类型：知道是什么的知识（Know-what），知道为什么的知识（Know-why），知道怎么做的知识（Know-how），知道是谁的知识（Know-who）。其中前两类大致属于显性知识，后两类属于隐性知识。企业知识不是企业个人所有知识的总和，而是企业能像人一样具有认知能力，把其经历储存于"组织记忆"（Organizational Memory）中，从而拥有知识，这样组织知识便具有了不可模仿性，其他组织无法通过雇用类似知识的群体获得相同的组织知识。

组织的知识在组织的价值创造中发挥了关键性的作用。Sveiby（1997）将组织的知识结构等同于组织的无形资产[162]，由此来定义组织的知识结构。我们可以从两个维度来详细地划分企业的知识（见表3.3）。

表 3.3 企业知识分类

知识类别	个人	群体	组织	组织间
显性知识	可以言说的个人知识	文本化的团队绩效分析	组织图	供应商的专利及文本化的惯例
隐性知识	交叉文化谈判技能	复杂工作中的团队技能协调	企业文化企业惯例	顾客对商品的态度与期望

资料来源：Sveiby K.E. The New Organizational Wealth：Managing and Measuring Knowledge-based Assets [M]. Francisco, CA：Berrett-koehler Publishers, 1997.

可以从知识的角度来识别企业的核心能力，同样可以从价值链角度分析。具体来说，包括两个步骤：①在企业的价值链创造过程中，确认哪些价值活动起了关键作用；②确认关键的价值活动之后，进一步辨识支持这种活动的是哪些知识，即辨识关键知识。如果几项关键的价值活动以同一种关键知识为基础，这种关键知识可视为企业的核心能力。

二、联盟伙伴核心能力的外部识别

核心能力的外部识别可以从顾客贡献角度与竞争者角度分析，前者是顾客认为企业能为他带来与众不同的价值所在；后者站在企业竞争者的立场分析企业成功或超过其他企业的能力。

（一）核心能力的顾客贡献分析

顾客贡献分析是从企业的外部出发，分析哪些是顾客所看重的价值，那些带给顾客核心价值的能力便是核心能力。用这个方法，要识别核心能力就必须弄清顾客愿意付钱换取的究竟是什么；顾客为什么愿意为某些产品或服务付更多的钱；哪些价值因素对顾客最为重要，也因此对实际售价最有贡献。经过如此分析，可以初步识别能真正打动顾客的核心能力[161]。

（二）核心能力的竞争差异分析

一个企业的竞争优势取决于所选择产业的吸引力和既定产业内的战略定位两个因素。也就是说企业要取得竞争优势，一方面要有能够进入具有吸引力产业的资源和能力，即战略产业要素；另一方面要拥有区别于竞争对手的能形成竞争优势的特殊资产，即战略性资产。因此，从与竞争对手的差异性分析核心能力有两个步骤：

（1）分析企业与竞争者拥有哪些战略产业要素，各自拥有的战略产业要素有何异同，造成它们差异的原因何在，都必须搞清楚。

（2）分析企业与竞争者的市场和资产表现差异所在，特别是企业区别于竞争者的外在表现，如技术开发和创新速度、品牌、声誉、顾客忠诚等，识别出哪些是企业成功最关键的资源，能够培养这种资源的便是核心能力[161]。

通过对顾客贡献和核心能力的竞争差异分析后，可以进一步分析形成外部差异的企业内在原因，从而从企业外部视角出发分析和辨识核心能力。在此，本书构建以下的核心能力识别系统模型（见图3.5）。

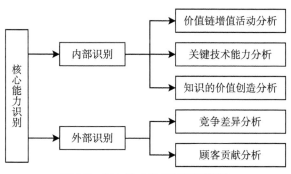

图3.5 核心能力的系统识别模型

第五节　企业核心能力培育
——基于知识联盟的考察

一、企业核心能力与知识联盟

根据 Prahalad 和 Hamel 对核心能力的定义，核心能力是一种积累性学识，企业核心能力的积累过程伴随在企业的核心产品、核心技术的发展过程中，是组织中的群体学习过程，这种学习过程的关键在于企业中不同生产技能的协调和企业不同技能的整合。

前面关于核心能力的各种不同观点的综述表明，核心能力的本质表现为各种不同的知识，也就是前面提到的核心能力的知识观，本书通过技术联盟中的特殊形式——知识联盟来探讨联盟企业核心能力的培育。

我们首先阐述什么是知识联盟，为什么说知识联盟可以发展联盟企业核心能力，如何通过知识联盟来发展企业核心能力。

(一) 知识联盟内涵

企业可以通过内部创新的积累活动创造组织知识，也可以通过外部学习吸收其他企业的知识来发展企业核心能力。如何根据内部资源的特点去发现、选择和利用外部资源，是企业核心能力发展的内在反映，这一决策依赖于企业知识和能力的积累，而与核心能力发展密切相关的知识联盟理论可以从本质上提高企业核心能力发展的效率。

知识联盟是企业为了获取其他组织的技术和能力，通过联盟的方式，共同创建新的知识并进行知识的转移。知识联盟是知识经济时代为适应外部日益激烈的竞争环境而兴起的一种战略联盟的高级形式，对提升企业的核心竞争力有重要意义，正逐渐成为联盟合作的主流趋势[163]。

（二）基于知识联盟发展核心能力的原因

随着知识联盟的发展，许多学者越来越意识到：知识联盟是发展企业核心能力的一条有效途径。其主要原因有如下三个方面：

（1）知识联盟以学习交流和创造知识作为中心目标，它是基于资源、知识和能力的互补，即联盟一方具有另一方不具备的资源、知识和能力，通过联盟可以实现企业间知识和能力的优势互补，创造新的交叉知识，并以此作为一种难以被模仿的核心能力。

（2）知识联盟特别强调通过联盟从其他组织学习和吸收隐性知识，实现大量隐性知识的交流和渗透，达到所需知识的有效转移，或者和其他组织合作创造隐性知识。组织的发展和提升，在很大程度上依赖于隐性知识，隐性知识的创造和显性化方法更是许多组织关注的焦点和难点问题[164]。

（3）知识联盟通常以技术协议或研发合作协议来与其他相关企业、大学、科研院所建立契约式联盟，无须组成经济实体和固定的组织机构，经营相对独立、灵活，且分散风险。Teece（1992）认为采用知识联盟的形式来相互获取或共同开发知识资源可有效降低知识的交易成本[165]。

总之，基于知识联盟的企业核心能力发展是对联盟资源转换过程的利用和整合。联盟企业间的资源和能力的相互转换可使核心能力发展的速度和效率大大提高，资源向核心能力转变的过程是一个组织间学习的过程。

Neil Ratkham 等（2001）认为联盟合作的价值来自三个方面：重复与浪费的减少、借助彼此的核心能力、创造新机会。其深层解释是专业化、规模经济和信息共享[166]。那么，能否将反映上述机理的具体方式体现在联盟企业核心能力的创造过程中，以切实加强企业核心能力创造价值的效率？即如何建立联盟伙伴间的核心知识和能力的转化？下文试图通过基于知识联盟的企业核心能力发展模型框架的建立解决这个关键问题。

二、基于知识联盟的企业核心能力发展模型框架

在前文介绍了知识联盟和企业核心能力的基础上，我们将核心能力发展过程

与知识联盟相结合，构造一种基于知识联盟的核心能力发展模型框架，如图 3.6 所示。该模型框架在联盟资源共享的基础上，从联盟组织间相互学习的角度出发，对核心能力发展过程进行了探讨。

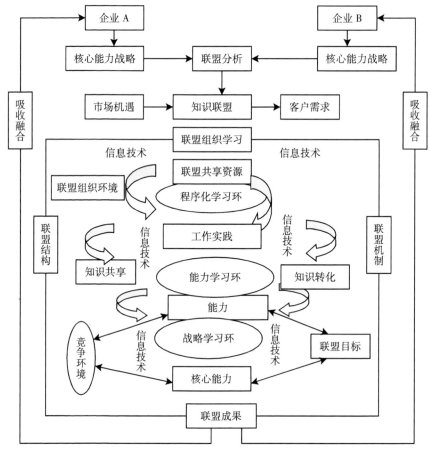

图 3.6 基于知识联盟的企业核心能力培育框架

（一）构建企业核心能力发展模型框架程序解析

在基于知识联盟的企业核心能力发展模型框架中，知识流动是知识联盟的核心。知识联盟主要是通过知识要素的流动来实现双方知识的连接与融合，在交互学习中提高各自的核心能力。模型框架的构建程序如下：

1. 组建知识联盟

首先，确定企业核心能力战略，并对现有核心能力做出评价与分析。明确已经具备哪些核心能力，哪些需要通过内部创新去开发，哪些可以通过知识联盟来获得。其次，对潜在联盟伙伴进行联盟能力分析，包括：市场竞争地位分析、拥有核心能力分析、企业文化和价值观基础分析、联盟目的分析、联盟记录及成果分析、组织结构及管理方式分析。最后，确定联盟对象。在对企业自身和多个潜在合作伙伴进行评估的基础上，企业可以从中挑选理想的合作伙伴，挑选的基本原则主要是互补性和兼容性。Dogma 等（2000）认为对联盟企业来说，相互适合是一个重要的成功因素。当企业间的战略、结构和文化相互适合的情况下，它们可以维持一种持久的联盟关系[167]。

2. 发展联盟核心能力

联盟组织核心能力发展同单个企业核心能力发展过程一样，是一个资源与能力的转换过程，分为三个阶段：第一阶段是由联盟资源形成有效的工作实践；第二阶段是由有效的工作实践形成能力；第三阶段是由能力形成核心能力。这三个阶段的转换过程具体体现为三个不同类型的学习过程，即程序化学习环、能力学习环和战略学习环。这些环节相互关联，形成了另一个将能力和核心能力联系起来的学习环。战略性学习能够保证技术能力积累的正确方向，并为寻找新的组织方法和资源指明了方向，使积累的能力为联盟企业带来最大的战略价值[168]。

3. 形成联盟成果

知识联盟的成果包括有形资源的创造，如新产品、新工艺、现存产品工艺的改进，也包括企业能力的发展。如丰富企业的知识体系与经验，企业管理水平的进步；形成自己的新专业知识，巩固其竞争优势，为进入某一新领域做好准备。

4. 确定联盟结构，形成联盟机制

联盟结构包括联盟契约结构、联盟双方的职能分配，以及联盟双方资源和能力的互补性。这里的联盟机制包括信任机制和激励机制。在知识联盟中，知识流动是一个复杂的学习过程。信任机制的建立，可以节约交易成本，减少知识保护意识，有利于创造出一个信息自由交换的学习环境；激励机制的建立，可以极大地调动联盟成员的积极性，使其愿意将自己的聪明才智奉献给联盟组织[164]。

综上所述，知识联盟的运作是一种高效的知识积累和联合化过程。它为组织间的学习提供了广泛的知识来源和方便的工具，可以加速知识的产生过程，加速知识的共享和扩散，为企业间的技术学习、知识和能力的发展提供了一条有效的途径。

(二) 企业核心能力发展策略

以知识联盟为基础发展核心能力的原则包括互惠互利原则、优势互补原则、信息共享原则三个方面。知识联盟实质上是一种知识资源的共享机制，在联盟目标一致的前提下，通过知识资源的共享、转移与创造，使参与的联盟双方从中获得收益，这是联盟的前提条件，也是知识联盟运作的内在动力。参与知识联盟的企业应具备为其他成员提供互补知识的能力，实现联盟组织优势互补。威廉姆森认为信息共享能够有效缓解有限理性和制约机会主义。在联盟中，如果没有较充分的信息共享，就很容易出现机会主义行为，难以使联盟成功。当有了更多信息时，决策就不得不照顾各方的反应，此时的决策是更为理性的，更利于实现联盟[169]。

基于知识联盟发展企业核心能力的实施方法包括以下几个步骤：

第一，确定实施的具体目标。目标是实现最大的联盟效果所必需的，这一过程应根据企业的战略目标，分析企业运作中存在的知识优势和不足，并在明确企业所需学习、创新的具体方向和知识的具体类别的基础上，确定企业的具体目标。在明确联盟学习的具体目标基础上，企业应根据自身的优势和不足来构建系统的联盟学习活动，应根据互惠互利和知识流动边界适度原则对资源进行灵活的配置。

第二，构建有效的联盟学习机制。联盟组织中的学习是一个双向学习的过程，包括对知识和能力的评价、分析和吸收。需要在组织学习的三个阶段，设计一个促进联盟学习的机制，包括设计一个鼓励个人和联盟伙伴之间学习的奖励和激励机制，建立一个从联盟组织内外收集和转换知识的开放系统，构建联盟企业间的信任机制和开发特殊学习能力的措施[164]。

第六节 核心企业技术联盟的运行管理

一、核心企业技术联盟的收益分配管理

核心企业技术联盟存续期内所创造的收益不仅包括产品、现金、利润率、市场份额等传统经营成果，还包括战略业绩中的一些非财务性效益，如联盟创立的商标、商誉、专利技术、核心竞争力等。不同联盟伙伴加入同一技术联盟从事技术创新，并不能改变其竞争关系，这是由市场经济的本质特征所决定的，其合作只是有限范围内的竞争性合作。虽然各企业共同创造了联盟的整体效益，但它们仍以个体效益最大化为行为导向，即合作是手段，竞争是目的。正是个体效益对成员企业的重要性，使企业技术联盟效益的优化分配得以实现，让整体联盟效益平稳转化为企业个体效益，成为联盟分配机制中最重要的一环。

(一) 核心企业技术联盟收益分类

核心企业技术联盟收益类别繁多，形式多样，根据不同的标准，可对联盟收益进行不同的分类。

1. 根据收益的存在形态，可分为有形收益和无形收益

有形收益拥有具体的实物形态，它不仅包括联盟所创造的技术产品，以及由此获得的资金收益，还包括联盟以自身收益购置的、用以技术创新的设备、仪器、材料等。有形收益的价值可通过资产评估直观确定，即以货币形式体现，有形收益价值量大小相对稳定。无形收益以某种特殊权利、技术知识等经济资源的形式存在并发挥作用，它的存在不能测度，只能通过其作用来体现。如核心企业技术联盟通过创新活动而取得某项专利技术，就属于该联盟的无形效益。企业技术联盟无形效益还包括商誉、核心竞争力、技术创新能力等。

2. 根据收益转化为现实收入的过程，可分为直接收益与间接收益

联盟直接收益不需经过中介作用即能成为联盟现实收益，如新产品销售额高达 700 万美元、市场份额为 50% 等。间接收益则表现为联盟取得收益的可能性，它必须经过一定的社会因素、环境因素、人员因素等中介作用，才能成为现实。如联盟商誉只有通过联盟与外界的业务往来，在业务伙伴的认可下才能带来收益，否则该商誉将始终以潜在收益的形式存在。

3. 根据企业对联盟的收益期望，可分为单一收益和综合收益

一般来讲，联盟的主要目标是实现技术创新，因此，专利技术、产品往往是联盟的单一收益，其他如社会地位、商标、资金等则构成联盟的综合收益。单一收益的获得与否对联盟有至关重要的作用，往往成为评判联盟成败的标准；综合收益则不具备这种重要性，它属于副收益范畴。企业技术联盟效益的多样性，给联盟效益分配增添了许多不确定因素，加大了优化分配难度[170]。

（二）技术联盟收益分配的特点

1. 企业技术联盟收益总量不可确定

按照战略业绩评价指标体系，企业技术联盟收益的内容增添了许多非财务性指标，存在大量难以量化甚至不可量化的收益种类。如无形收益，其最大特点在于价值难以评估，我们很难将联盟取得的核心能力用具体数字表示，并在成员企业间分割；间接收益的价值大小与中介作用强度相关，不能由其本身决定；短期收益由于其价值可在短期内甚至当期实现而易于评估，长期收益的价值则需要用时间去测度检验。

2. 部分联盟收益不可分配

部分联盟收益只能为企业技术联盟这个专门组织所有，而无法转化为各成员企业的联盟收益。如核心企业技术联盟的技术开发能力只能在各成员企业的协作中体现，一旦联盟解体，规模剧减，各成员则可能无法单独创新。有的不可分配性收益可由各联盟成员共享。例如，核心企业技术联盟获得了一定的社会资本，按照 S.Chung 的说法，这种社会资本指联盟在存续期内与外界建立起的、只有潜在利益性的社会关系。因此，对于核心企业技术联盟来讲，它也是一种无形的、

间接的长期效益。它只能作为一种权利在联盟解散后由各成员企业共享，即每一个成员都以曾加入过该联盟为荣。联盟解散后，从同一联盟中走出的两个企业，能否各自利用这种社会资本，取决于各自所处的环境认可与否[171]。

（三）核心企业技术联盟收益分配管理环节

1. 加强联盟研发资源的管理

企业通过技术联盟，共同投资、共担风险、共享成果，联盟中，企业可以使用大学、科研机构等合作伙伴组织、实验室和科研人员，从而降低了研发费用。技术联盟内的伙伴企业优势互补，自然会加快新产品的开发过程，从而降低开发风险，在技术开发过程中，采用引进、消化、创新等方式，进入国际技术创新前沿。

2. 提高核心企业竞争力，谋求核心企业技术联盟的可持续发展

通过技术联盟，核心企业可以扩大规模，制约并削弱竞争对手，同时，核心企业在研发、原材料采购、生产、销售等方面可以获得规模经济效益。互补性强的伙伴企业可以使它们的产品互相兼容，并使它们的产品标准通用化。相对于没有进入联盟的企业来说，技术联盟的产品自然更具有市场竞争力[172]。

二、核心企业技术联盟的风险防范管理

核心企业技术联盟是指两个或两个以上的企业互相联合致力于技术开发的行为。核心企业技术联盟受许多复杂因素的影响。其中，有的因素难以识别，有的因素在不断变化，有的因素的影响强度无法测定，这就导致企业技术联盟活动具有某种不确定性，给加入联盟的企业带来很多风险。下面首先探讨联盟风险的特点及分类表现形式，然后深入分析联盟风险防范的具体原则和内容。

（一）联盟风险的特点

联盟风险是指企业加入技术联盟后利益受到损害的可能性。联盟风险具有三个特点：

1. 主客观相互渗透性

在核心企业技术联盟中，联盟风险可能损害核心企业的利益，与核心企业的

意愿相悖。核心企业是承受联盟风险的主体，显然，联盟风险不是核心企业主观追求的结果，而是一种独立于核心企业之外的自发事件。对核心企业来说，联盟风险具有客观性。但是，这种客观性中有"主观渗透"。如有的中外企业技术联盟，中方加入联盟的动机是获得先进的技术设备，由于调研不足（或许其他原因）上当受骗，这表明，联盟风险中含有核心企业决策者的认识和决策错误，联盟风险是主客观相互渗透的结果。

2. 相对性与不确定性

每一个技术联盟在资金、技术、信息渠道、管理水平等方面，都有自己的特殊性，对事件的反应和承受能力不同。换言之，同一事件对不同技术联盟的影响强度不同。这就意味着，外部环境不确定性因素对技术联盟的负面影响具有相对性。例如，在联盟中，每个企业出资"100万元"用于开发新产品，对资产只有"300万元"的企业和拥有"3亿元"资产的企业来说，开发失败风险的含义完全不同[173]。

联盟风险是由于随机原因和信息不足造成的。随机因素造成的联盟风险（如技术开发投资风险）可以用概率分布来描述，也就是说，这种不确定性是可以测度的。信息不足造成的联盟风险不能测度，且信息不足是绝对的、永恒的，人们不可能掌握反映客观事物规律性的所有信息。这就意味着，在技术联盟发展决策过程中，总是面临信息不足的问题，联盟风险无法避免。

3. 负面性

不确定性对企业利益的影响可分为正面和负面两种。不确定性的正面影响使企业获得更多的利益，这就是所谓机遇。不确定性的负面影响使核心企业利益受到损害，这才是所谓风险。在技术联盟实践中，核心企业经常遇到风险。如开发的新产品不能满足消费者需求，新产品难以占领市场；与国外企业的技术联盟由于两国关系恶化，技术联盟中的合作开发计划只好推迟实施等。

（二）联盟风险的分类

核心企业技术联盟面临的风险多种多样，根据不同的标准，可以对联盟风险进行不同的分类。

1. 根据风险产生原因的性质，可分为自然风险和人为风险

自然风险包括洪灾、地震、暴雨、滑坡、泥石流、海啸等。这种风险属于不可抗拒范围，通常无法避免。人为风险是指人为因素变化造成的各种联盟风险，如合作伙伴在技术开发中违反合作协议，减少开发资金数额或资金迟迟不到位，国家政策的调整等，都可能影响联盟技术开发活动的正常进行。

2. 根据风险的范围大小，可分为社会风险、行业风险和企业风险

社会风险范围最大，如突发的战争和社会动荡，将会影响所有企业的正常活动。行业风险只限于特定行业的技术联盟，如某一产业发展优惠政策的取消将直接影响相关行业从事技术开发的积极性。核心风险通常与整个社会或行业不发生系统性联系，只对单一技术联盟有影响，如核心企业实验楼发生的火灾、爆炸等。

3. 根据技术的来源，可分为供给风险和需求风险

这里讨论的供给风险和需求风险实质上属于商业欺诈，我国学者称之为"合作陷阱"。供给风险是指技术拥有者的各种欺诈行为，如假项目、假市场、为销售产品或设备进行的假合作等。需求风险是指技术需求方以寻求技术为名，通过虚假的技术合作，以达到牟利的目的，如为贷款的假合作、为廉价征地的假合作、为扩大社会影响的假合作等[173]。

（三）核心企业技术联盟风险防范内容

核心企业技术联盟面临各种各样的风险，这些风险通过技术开发项目作用于风险主体，使企业利益可能受到损害。联盟风险使技术开发项目具有不确定性，导致预期开发目标与实际效果之间可能出现差距。如数码电视在使用时操作太复杂，潜在的消费者对其有"畏难"心理；化妆品的价位太高，在市场上缺乏竞争力；因政府金融政策调整，企业得不到新贷款，先前设想的开发资金出现了"缺口"等。

在所有联盟风险中，联盟解体是最大的联盟风险。由于联盟解体，一切活动只好中止，企业与联盟相关的事务成本和开发项目投入全部变成无效投入。联盟风险具有不确定性，即不能确定风险事件出现的时间、地点、方式和影响强度，

这就意味着不能保证找到针对具体风险事件行之有效的防范措施。因此，联盟风险防范的重点不是制定具体的防范措施，只宜抽象、原则性地讨论联盟风险防范问题。

概括地讲，核心企业技术联盟风险防范主要涉及以下内容：

1. 以信任为基础，培育合作土壤

联盟协调工作的效果很大程度上取决于各方的友善和信任态度。研究表明，核心企业技术联盟中核心企业与伙伴企业之间的友善和信任关系对联盟起一种稳定作用，可以提高对伙伴行为的宽容限度，有助于避免冲突，及时发现和处理合作开发中的不协调问题。除了在企业高层主管之间建立互利互信关系外，还要在中层和基层管理人员培育合作意识。否则，缺乏广泛合作基础的技术联盟很难成功。关于联盟信任管理机制我们将在后面重点讨论。

2. 严格遵循合作协议，慎重修改必要的条款

随着联盟外围环境的变化，如政府产业政策的调整、技术的进步、市场的波动等，先前的企业合作协议需要做相应的修改，修改合作协议时，应小心谨慎，对涉及联盟精神的内容不能变动，否则，在联盟内部引起严重的冲突，后果可能是联盟的解体。另外，从修改关系到联盟成员利益的再调整，一旦调整超过企业的承受能力，同样会引起冲突，导致联盟的解体。

3. 追求"同中存异"、"异中求同"

企业之间特别是本土企业和外国企业之间存在着文化差异，如语言、习惯、价值观、民族传统等。文化差异会引发联盟内部纷争，危及联盟的稳定。在技术联盟运作过程中减少或消除纷争的关键是企业员工要树立现代意识，承认多元文化并存的合理性，切实尊重其他企业文化，追求联盟成员合作技术开发的整体利益。另外，应在联盟内建立解决纷争的机制。在合作双方总部互设高级人员，或在企业主管之间开通专门解决纷争的"热线"。

4. 环境扫描、借鉴学习

环境扫描（Environment Scanning）是指通过浏览大量信息以预测和解释环境的变化，环境变化将会影响联盟技术开发项目的实施效果，影响企业的利益。环

境变化增大了不确定性，增加了联盟风险。所以，防范风险要有超前意识，要从环境的变化中识别可能产生的具体风险，并在风险事件出现之前制定好对策措施[173]。

由于联盟风险的不确定性，现阶段无法提出一整套完备的风险防范措施。"他山之石，可以攻玉"，作为企业来讲，要积极、主动地借鉴学习其他企业的风险防范措施，提高企业抗风险的能力。

三、核心企业技术联盟的保障管理

在企业技术联盟实践中，失衡与冲突不可避免地会发生，往往破坏或阻碍联盟目标的实现。在企业技术联盟发展过程中，企业之间在技术开发中的组织关系不协调导致技术联盟失衡与冲突，而冲突的发生又引起新的不协调关系产生，情况严重时将导致企业技术联盟终止。企业技术联盟冲突的原因一般包括：在企业技术联盟中由于成本、利益、风险分配不合理出现失衡导致冲突；人们的价值观念、企业制度、组织机构、人际关系等差异性导致冲突；签订合作协议后发现分配不合理导致冲突；信息沟通不畅引起冲突；政治、金融、技术引进等方面大环境变化导致冲突[174]。

下面我们首先进行冲突的监测与评估，然后系统探讨联盟的协调、冲突的控制与化解。

（一）冲突的监测与评估

失衡与冲突的影响具有两重性，既有破坏性的一面，也有建设性的一面。从冲突的性质看，凡是由于双方目的一致，而手段或途径不同产生的冲突，多属于建设性冲突。相反，由于双方目的或认识不同而产生的冲突，多属于对抗性冲突，这种冲突会使技术联盟企业之间的相互支持和信任关系受到影响，使联盟的群体化优势消失，阻碍企业的技术创新活动，最终导致技术联盟终止。不同性质的冲突对企业技术联的影响不同。建设性的冲突对企业技术联盟大多呈积极的影响，破坏性的冲突对企业技术联盟大多呈消极的影响，因此，必须对冲突进行监测和评估，通过监测和评估找出失衡、冲突发生的真正原因及管理的制约因素，以便为冲突管理策略和具体方法的制定提供可靠依据（见表3.4）。

表 3.4　核心企业技术联盟冲突的监测与评估

监测和评估要素	冲突不易解决的问题	冲突容易解决的原因
技术开发中冲突争论的焦点	原则性问题	可协调问题
技术开发中冲突严重的相关性	负相关	正相关（一方得益不会引起另一方的损失）
冲突各方交往的历史	一次性合作	长期合作
冲突各方的组织结构	混乱和分裂	组织严密
对冲突后果的看法	不平衡	双方认为受到同等损害

（二）联盟的协调、冲突的控制与化解

企业技术联盟一旦发生冲突，必须采取妥善办法，及时加以控制和化解，这就需要协调。协调一方面表现为目标和方向的协调、结构和功能的协调、相互关系的协调；另一方面表现为要素的调控、系统的调整、过程的调节。企业技术联盟的失衡与冲突，只有通过协调，才能得到控制和化解，联盟的整体效益才能得以发挥。

按冲突程度的不同，一般可以采取以下几种解决方法：

第一，请中立方调解。通过第三方的调和来解决冲突，对于冲突各方企业，为它们进行调解的第三方一般都是它们共同接受和信任的置身于冲突事务之外的中立方。在调解过程中，帮助冲突各企业冷静地分析冲突成因，帮助它们相互沟通，中立方调解的最大贡献是帮助冲突企业主体获得准确的信息，克服和消除误解，从而间接地解决冲突。

第二，利益协调，自我解决。即通过冲突各企业协商解决，要求各方求同存异，顾全大局，相互让步，为解决冲突创造良好的条件。一般在大目标和共同利益基本一致，不存在根本的利害冲突，各企业分歧属非对抗性和暂时性的冲突时，采用此法是较为有效的，通过协商促成冲突各企业的合作，并不一定是公平的合作，但为了各自的利益和今后的合作，各企业在理智的分析和讨价还价的交流中自我解决冲突还是一种较好的办法。

第三，成立联盟组织正面管理冲突。对于企业技术联盟冲突的管理，正式组织拥有非正式的群体组织及个人无法比拟的支配力、影响力和管理效果。正式组

织对企业技术联盟冲突管理依靠的是公正而合理的法则和权力。联盟组织应通过对技术开发活动中的企业人员协调，减少或消除冲突。对于发生冲突较频繁或存在潜在冲突的技术联盟企业，企业管理者通过组织协调的方法常能成功地减轻压力和冲突，管理者将正在发生或易发生的冲突人员调离分开，让他们有机会冷静地思考发生的冲突行为，稳定情绪，冲突各方一般容易接受主管人员的调解或裁决。

目标差异是引起企业技术联盟在技术开发活动中产生冲突的主要原因之一，不同的技术联盟企业为各自的利益相互对抗，在于使它们协作的诱因不足，在企业组织中应设立一套有效的奖罚系统，不仅能帮助技术联盟企业成员培养正确而合理的利益得失观，而且能促进参与技术联盟的企业和其成员共同协作，实现它们的共同目标。

第四，司法部门公正裁决。在企业技术联盟中有些冲突非个人或一定组织权力所能解决，这时必须依靠法律才能真正解决问题。法律判决具有严格的公正性和强制性，无论冲突的哪一方，都必须履行司法判决赋予的责任和义务。司法部门对冲突的处理，并非单一的依法判决，而是先调解，调解不成才判决[174]。

（三）联盟冲突的协调机制

根据以上分析，本书构建如图 3.7 所示的联盟协调机制框架图。从图中可以看出，一般在企业技术联盟刚开始阶段，即第Ⅰ阶段，由于联盟总目标是使大家优势互补，共同受益，所以冲突较少，大家会朝着总目标共同努力；但是，到了企业技术联盟中期，即第Ⅱ阶段，企业之间接触较多，大家会为了各自的小目标或短期效益以及其他原因而发生失衡与冲突，这一阶段冲突烈度较大；到了第Ⅲ阶段，这时各种冲突得到控制和化解，各企业均感受到技术联盟的好处远远超过不联盟，因此，冲突较少，烈度也较小。

下面对上述协调机制框架做具体的说明。

这是一个具有三级反馈的协调机制。在企业技术联盟冲突的协调机制中，存在三级协调、三次"跟你学"反馈机制。第一级协调系统中，由于各种原因产生冲突Ⅰ，这时技术联盟企业必然出现"跟你学"现象，这种"跟你学"存在两重

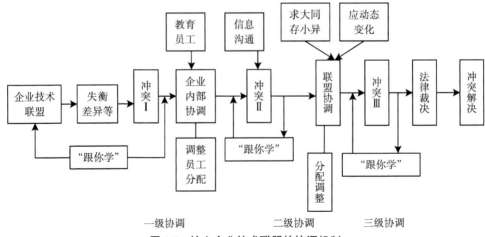

图 3.7 核心企业技术联盟的协调机制

性，从好的一面看，双方都让步，从坏的一面看，双方都不让步，冲突加剧。这时首先通过企业内部协调，一方面是思想上协调，如对冲突双方员工进行合作教育、沟通信息等；另一方面从物质上协调，如调整员工利益分配等。经过第一级协调后，冲突Ⅰ大部分降低消失，但也有少数冲突还存在，于是进入第二级协调系统。在第二级协调系统中，冲突Ⅱ出现，仍然存在"跟你学"现象，这种"跟你学"仍然存在两重性，如前所述，这时必须通过参与技术联盟企业之间的协调来解决冲突，协调仍从两方面着手，在精神方面对企业间进行"求大同，存小异"的认识协调，在物质上通过对各企业的成本、效益、风险的分配调整进行协调。如果经过第二级协调系统后，冲突Ⅱ还不能解决，就必须进入第三级协调系统，这时对于冲突Ⅲ仍然存在"跟你学"现象，当冲突Ⅲ无法解决时，只有通过法律法规来裁决，法律法规解决冲突是刚性约束，冲突最终可以得到解决[174]。

在企业技术联盟冲突的协调机制中，应充分发挥法律控制作用，它是企业技术联盟协调机制的重要组成部分，也是实施管理控制的一种重要手段。

四、核心企业技术联盟的信任管理

信任在核心企业技术联盟伙伴管理中具有重要作用，组建核心企业技术联盟的目的就在于加强节点企业的核心竞争能力，快速反映市场需求，最终提高整个核心企业技术联盟的市场竞争能力。要达到此目的，加强企业间的合作、培养企业间的信任是核心企业技术联盟成员管理的核心。

（一）核心企业技术联盟内部信任管理的重要价值

1. 减少交易成本

从信息经济学的角度来看，企业间的联盟属于委托代理关系。由于信息不对称、合同不完备等原因，联盟企业间存在着诸如逆向选择（由签约前的信息不对称而引起的行为）、败德行为（由签约后的信息非对称性而引起的行为）等问题。为了解决这些问题，必须对合作伙伴进行有效的激励和监督。但是在现实生活中仅有激励和监督是不够的。因为随着联盟企业间合作关系的发展，要维持同样的效果，激励成本与监督成本有递增的趋势。而如果激励成本与监督成本不变，效果则呈递减趋势。培养企业间的相互信任可以减少合作中所需的激励成本与监督成本，减少详细说明和防止机会主义行为的成本，因此信任被看作是新竞争力的核心部分。

2. 增进合作，实现共赢

在联盟内部，除了成本因素之外，监督机制还会带来联盟企业间的心理损失。因为监督的存在意味着对对方的信任不够，而信任具有感染性，所以加强监督往往会减少对方的信任，结果损害了联盟企业间的相互信任，损害了企业间的合作关系。加强相互之间信任的培养则将促进企业间的合作，促进企业提高生产与服务的柔性以及在不可预测的事件发生时双方的责任感，努力谋求双方的共同利益。

3. 提高整个联盟的快速反应能力

首先，对核心企业技术联盟的成员企业来说，信任意味着遵守合同、保持一贯的高质量、严格遵守合同条款。因此相互信任减少了不必要的摩擦与矛盾，减少了不必要的谈判与协商，并减少了由此引起的时间耗费。其次，信任还意味着超越合同之上的灵活性，即合作双方准备交换商业信息、承诺非正式的理解、准备在任何时候就合同条款进行新的谈判等。这种灵活性将减少企业在应付突发事件中的相互推脱，随之减少了企业在处理未预见的偶然事件中的人力、物力、财力与精力。最后，信任还意味着超越合同之外的灵活性，即准备在紧急情况下提供帮助、准备在执行合同的过程中有所出入、愿意忽略偶然的缺陷。这种灵活性可以增强企业间的相互了解与信任，促进企业间的融合。总之，相互信任提高了联盟的快速反应能力。

（二）核心企业技术联盟内部信任的建立方法

从联盟中工作任务出发，首先明确联盟的总体目标，其次分解为各自的任务目标，以目标——任务为导向建立初始合作信任，最后通过联盟内部的制度化管理，建立制度信任。具体来说包括以下两个方面：

1. 明确总体目标和伙伴分工任务，建立伙伴间的过程化信任

在核心企业技术联盟组建后，核心企业应安排各伙伴负责人进行集体的面对面交流，以明确各自的任务，并对相互间协调的责权进行安排，这样可以增强合作成功的信心，建立伙伴企业之间的过程化信任。

2. 建立公平、规范的制度，建立伙伴间的制度化信任

组织间信任的建立和维持依赖于各组织所共同遵守的制度规范。因此，在虚拟企业中应尽可能地制定出一个公平、合理、双赢的协议或合同，由于各个伙伴都是一个独立的利益团体，在涉及投资额度、收益分配等利益问题时，需要伙伴间协商决定，公平的制度建立就是让各自独立的伙伴在核心企业技术联盟中感觉彼此之间是相互平等的，并在相互理解的基础上，明确责任和权利义务，逐步建立伙伴间的制度化信任。

第七节 本章小结

这一章是本书的核心部分，从核心能力与核心能力共享角度解释核心企业技术联盟的理论框架内容。第一，从核心能力的国内外研究现状着手，综合比较了

国内外核心能力的几种不同观点，提出了核心能力的知识观是核心能力的本质，进而界定核心能力共享的内涵，并分析核心能力共享的基本模式；第二，对核心企业及非核心企业进行比较界定，并从企业内外两个角度探讨了联盟网络中核心企业的影响力，以此对核心企业技术联盟进行理论界定，并从核心能力共享的角度探究了核心企业技术联盟形成动因；第三，研究了企业核心能力与核心企业技术联盟的关系，以此来探讨联盟能力的培育方法；第四，从企业内外两个方面分析探讨联盟伙伴核心能力的识别方法；第五，从知识联盟的角度研究联盟伙伴核心能力的培育理论框架模型；第六，分别从利益分配、风险防范、保障管理与信任管理四个方面系统研究了核心企业技术联盟的运行机制。这部分内容是主体部分，从六个方面比较完整地研究了核心企业技术联盟的形成过程、特征、内涵，联盟伙伴的识别和培育方法及联盟整体的运行机制这样一个完整的理论框架体系。核心企业技术联盟的提法不多，进行这样系统全面的研究也不多见，这一章的论述集中体现本书的创新所在。

第四章　核心企业技术联盟的伙伴选择

第一节　核心企业技术联盟伙伴选择的一般分析

联盟发起者（或核心企业）一旦确定需要建立技术联盟来推动技术研发和产品推广，就要明确如何有组织地完成该联盟的伙伴选择。根据以往的相关研究成果并结合本书研究问题的具体要求，设计以下基本步骤来完成联盟伙伴的选择：

第一，确定联盟伙伴选择的组织管理机构和管理方式。

联盟伙伴的选择是建立核心企业技术联盟的一项战略性决策，是一个需要花费较多成本、时间和人力的项目过程。核心企业作为盟主一方面需要建立相对固定的工作团队来组织管理和协调各项事务，同时需要这一工作团队以项目管理的方式对整个联盟伙伴选择的过程进行计划、控制、协调和信息管理等。

第二，明确联盟的核心业务，确定候选企业范围。

划分联盟的核心业务，也就是确立联盟伙伴在联盟中应该能够承担的责任与任务。核心企业技术联盟中联盟伙伴因为具有相关的核心能力而表现出一定的竞争优势，它之所以被选择是因为其可以承担相应的联盟责任与义务，从而实现联盟的整体优势。另外，确定联盟伙伴的业务领域范围将决定联盟具有的产业影响力范围，也决定了该项核心企业技术联盟能否充分利用网络效应、消费者预期等经济规律。因此，划分联盟的核心业务对联盟目标的实现具有重要影响作用。

在具体划分核心业务时，需要围绕技术联盟这样一个比较完备的产业价值链网络，进一步确定哪些产业价值链节点能构成联盟的核心业务，这是因为有的产业价值链节点可能并没有合适的候选企业。所以，联盟核心业务最终将需要根据实际情况来确定，然后可以根据这些联盟核心业务确定需要纳入选择评价范围的企业有哪些。这些思想在前文价值链理论部分中关于技术联盟的形成已经做了理论阐述。

第三，确定基于联盟核心业务的联盟伙伴选择评价指标体系。

基于特定联盟核心业务对候选企业进行综合评价，首先需要建立合适的评价指标体系。本书下一章将给出评价指标体系的设计原则和思路，以及具有一定普遍适用性的指标体系。针对特定联盟核心业务，要求指标体系能更好地反映该联盟核心业务的具体要求，这一步的完成同样需要注重借助于相关领域专家学者及经营管理高层关于具体实践的想法。

第四，构建模糊综合评价模型，设计评价指标体系中各级指标的权重。

本书将采用模糊综合评价方法实现对候选企业的多层级模糊综合评价，为此，需要先确定评价指标体系中各级指标的权重。这里各级指标的权重是指基于其上一级指标标准而确立的权重分配，其确定方法采用模糊理论分析法。得到各级指标的权重后，通过逐级的模糊综合评价，最终得到基于特定联盟核心业务的候选企业模糊综合评价模型。

第五，根据模型计算联盟核心业务的评价结果，完成联盟伙伴选择的任务。

基于上述各步骤，盟主（或称核心企业）已经得到各联盟核心业务领域的候选企业排序。为了最终选择合适的企业成为核心成员，需要进一步分析每个联盟核心业务领域所需要的候选企业数量，并进一步重点了解排序靠前的候选企业，从而确定最终的候选企业名单，完成联盟伙伴选择的任务[175]。

本部分只是对核心成员的选择做出一般分析，下文将对核心企业技术联盟内部的合伙选择的整个过程做具体分析。

第二节　核心企业技术联盟内部伙伴选择的过程

理论分析表明，核心企业技术联盟是一个以创新为动力而组建而成的联盟网络。由于技术创新网络的多层次性，网络的节点企业之间在核心能力、企业规模以及企业的竞争力等各个方面存在差异性。而核心企业是充当技术创新网络的核心节点，把其他节点连接在周围，并且在技术创新网络中发挥着重要的作用。

从第三章的分析可以发现，核心企业在网络中因具备的独特核心能力而具有较强的影响力，从而表现出较强的知识创造和溢出能力，它协调和控制网络发展。相对核心企业而言，一些规模比较小、缺乏核心竞争力、在网络中处于相对较低层级的企业就是非核心企业。两者在合作伙伴选择的过程中是一种控制和被控制的关系。下面先后分析核心企业的联盟伙伴的特征，并从信息不对称的角度分析核心企业对联盟伙伴的影响，最后探讨核心企业选择合作伙伴的具体过程。

一、核心企业的联盟伙伴选择特征分析

联盟技术创新网络中，高层次的企业对低层次的企业进行选择，在核心企业技术联盟内部，核心企业为选择主体，在选择过程中占主动地位，依据一定的标准和原则对备选的非核心企业进行选择[176]。在两种节点的相互作用中，核心企业对非核心企业通常会采取命令与控制的方式，只有符合核心企业要求的非核心企业，才能进入联盟技术创新网络。在核心企业联盟伙伴的选择过程中，通常是核心企业围绕着某个合作任务，根据任务不同的属性确定选择过程中的影响因素，对多个备选企业进行选择，在选择的过程中核心企业向备选的联盟伙伴发布控制信息[177]。

其具体模式为 PC =（TC，AC，RC）。式中，PC 为合作伙伴选择过程，TC 为合作任务，AC 为合作成员的集合，RC 为核心企业传递的控制信息。

核心企业的联盟伙伴选择具有如下特征：

第一，核心企业拥有选择与控制权。Bianconi 和 Barabasi（2001）在研究网络进化时发现，核心企业更容易通过筛选把其他企业吸引到技术创新网络中形成持续的合作关系。联盟创新网络中，由核心企业确定合作任务，并发出选择信息。核心企业决定进入网络的合作伙伴的要求以及合作规则，只有符合要求并愿意遵守规则的企业才能进入网络，建立合作关系[178]。Leach 和 Makatsoris（1997）认为，在联盟创新网络中规模最大的一个企业，领导着整个网络技术创新的发展，对各联盟伙伴的生产活动进行协调[179]。Vlachopulou 和 Manthou（2003）认为，在网络中存在着控制着整个网络组织（包括技术联盟、虚拟企业等）的企业，该企业有权利决定其他企业的生产活动以及是否让该企业存在于网络组织中。核心企业通过传递控制信息，对合作伙伴行为进行约束、对合作关系进行协调[180]。

第二，核心企业在整个合作过程中对合作伙伴实行监督、管理。Lorenzoni 和 Baden-Fuller（1995）认为，核心企业会把自己的知识向网络中的其他企业转移，并建立共享知识的机制，因此，核心企业充当着管理者的角色。如果合作伙伴存在违约现象，核心企业通常会根据自己在网络中的地位和影响力，对合作伙伴采取惩罚措施，终止合作关系并进行索赔[181]。以上特征可以概括为图 4.1。

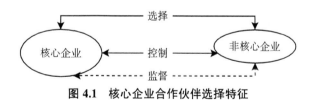

图 4.1　核心企业合作伙伴选择特征

二、核心企业联盟伙伴选择的信息不对称分析

合作伙伴自身的真实情况属于私有信息，核心企业在对合作伙伴进行接触了解、评价和测度的选择过程中，不可能完全了解这些私有信息，许多企业企图通过隐瞒或虚报信息获得合作关系，这就产生了信息不对称的问题。这些不对称的

信息严重影响核心企业选择伙伴的过程。下面先简单探讨信息不对称的类型，然后运用信息不对称理论谈谈对核心企业选择伙伴的影响。

（一）合作伙伴选择中信息不对称的类型

核心企业合作伙伴选择过程中的信息不对称主要表现在核心企业和备选企业拥有的信息不对称，即备选企业掌握更多、更真实的信息，具有信息优势。而核心企业在短期内则无法掌握备选企业诸多方面的真实情况。具体来说，两者之间的信息不对称主要有如下两个方面：

（1）备选企业能力信息的不对称。低能力的备选企业为了能在合作中获取利益，会夸大自身的能力，而隐瞒真实信息。核心企业对备选企业的能力只能根据通过为数不多的接触和交往做出大致的判断，真实信息难以完全掌握。

（2）合作伙伴行动信息不对称。在合作关系确立后，合作伙伴采取什么行动，以及对契约的履行态度，核心企业很难预料和完全掌握[177]。

（二）信息不对称对核心企业合作伙伴选择的影响

现有的理论研究表明，信息不对称对合作伙伴而言，可能会导致逆向选择和道德风险两种后果选择。逆向选择发生在合作双方签约之前，由于合作伙伴信息不对称，往往会使核心企业选择能力弱的企业进行合作，而放弃强能力企业，这就是合作伙伴选择过程中的逆向选择；道德风险一般发生在合作双方签约之后，合作伙伴可以随意选择行动方式，而核心企业只能看到合作伙伴的行动结果，并不能完全了解其行动过程。合作伙伴可能在签约之后并没有完全履行签约时的承诺，对于合作任务采取消极对待的态度。在这种信息不对称的情况下，就产生了合作伙伴的道德风险。

无论是逆向选择还是道德风险都会给核心企业带来损失，破坏合作关系。因此，核心企业在对合作伙伴进行评价时，应尽可能地规避信息不对称风险，使评价的结果更加客观、公正、有效。

三、核心企业合作伙伴选择过程分析

在企业发展实际过程中，信息永远是不对称的，信息不对称风险也不可能完全规避。本书认为，在对合作伙伴进行评价之前，先对信息进行甄别以规避逆向选择风险。在签约之后，并不意味着选择过程的终结，而要对合作伙伴进行跟踪监督，以规避道德风险，从而使得合作效用达到最大化。为此，建立一个如图4.2 所示的包括"确定合作任务、信息交流与识别、信息确认、综合评价、签订合作契约、跟踪监控"六个步骤的选择过程模型十分必要。从整个合作伙伴选择的过程来看，核心企业一直处于主动地位，对每一个步骤进行控制，而合作伙伴只能采取一些被动的跟随性的行动。为此，本书设计以下的核心企业合作伙伴的选择过程图示（见图4.2），并对每一个步骤做具体分析。

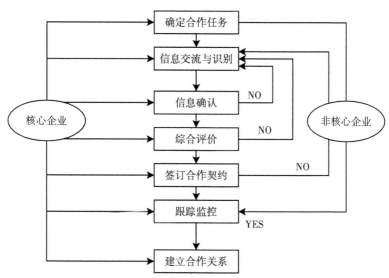

图 4.2 核心企业合作伙伴选择过程

1. 确定合作任务

核心企业虽然拥有核心技术和能力，但在激烈的竞争中，为了最大化地控制成本，增加产出，也存在发展的瓶颈，它在对自身进行全面衡量以后，在不影响企业在网络中地位的前提下，确定哪些任务采取合作的方式完成。同时，核心企业在对合作任务进行估量以后会规定相应的产出成果，要求合作伙伴在既定的时间内能够达到合作要求。在此阶段中，核心企业发挥控制权和选择权，对合作任务进行选择，对合作目标进行控制。

2. 信息交流与识别

企业确定合作目标之后，会采取招标等方式，首先把自己的信息传递到网络中。其中，核心企业发布的信息为公共信息，具体表示为一个二元组（T，W）。T 为委托方的任务集，即企业根据自己的发展需求和任务需要，寻找合作伙伴；W 为委托方提出的合约集，对任务的运行提供了具体指示，包括对合作伙伴完成任务的要求、合作成本的控制、合作利益分配的指示等。核心企业将这些信号发布到网络中以后，有合作意向的潜在合作伙伴会根据自身的需求和意愿，向核心企业发出反馈信息。这些备选企业的反馈信息属于私有信息 h，也是一个一元组，表示为（I，U）。I 为企业提供的个体信息，它包括企业对于合作项目的能力信息、企业自身的声誉信息等；U 为备选企业对于合作意愿的表述，它往往会反映出备选企业对于合作的主观期望程度（见图 4.3）。但是在这个阶段，备选企业为了获得合作契约，往往会隐瞒或夸大信息，造成一定的信息不足或信息虚假[176]。

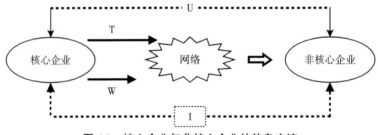

图 4.3　核心企业与非核心企业的信息交流

3. 信息确认

为了能够筛选出合格的合作对象，规避信息不对称带来的风险，核心企业通过提供多个合同供备选企业选择，备选企业根据自己的类型选择一个最适合自己的合同，并根据合同选择行动，这种选择合作伙伴的模型称为信息甄别与确认模型。

在信息交流的过程中，备选企业所传递的信号难免有缺失或信息隐瞒的行为，因此需要选择主体对备选企业的信息进行收集、筛选、识别与确认。主要方法包括预先设定合作规则及合同筛选等。

第一，合作规则。预先设定合作规则如合作项目、合作要求和合作成果等。通过预先设定合作规则，核心企业积累在合作项目的信息，有助于降低信息筛选成本。

第二，合同筛选。合同筛选是指选择主体针对合作项目制定包含约束和激励条款的合同，供备选合作企业选择。假设核心企业首先提出一个合同（w，S），规定收益 w 和 S 合作产出水平，合作伙伴的合作产出水平若符合核心企业对合作产出水平的标准 S，那么就会获得报酬 w。核心企业事先提出了两个合同（w_1，S_1）、（w_2，S_2），S_1 代表低水平的合作产出，S_2 代表高水平的合作产出。当合作伙伴的产出水平达到 S_1，核心企业就给予其报酬 w_1；当合作伙伴的产出水平达到 S_2，核心企业就给予其报酬 w_2。当合同规定的合作产出水平为 S_1 时，合作伙伴发生道德风险的可能性会大一点。当核心企业给合作伙伴提出备选的合同时，低能力的企业通常会选择对合作产出水平要求较低的合同。因此，当核心企业拟定合同时，应根据实际情况尽量提高对合作成果的要求，以降低合作伙伴从事道德风险活动的可能性。在信息甄别与确认的过程中，核心企业主要行使选择权，对于甄别后不合格的企业，核心企业会取消其合作机会[177]。

4. 综合评价

核心企业通过信息甄别与确认，初步选出备选的合作伙伴后，要确定评价指标对合作伙伴进行评价。在合作伙伴选择的评价指标研究中，一些学者站在资源和技术的角度，提出资源和技术是合作伙伴选择的重要影响因素。Geringer（1988）认为，技术与资源的互补是影响合作伙伴选择最主要的因素[182]。Hakanon 和 Clark（1990）认为，选择主体会挑选在资源或技能上具有互补性的伙伴进行合作，从而使双方的创新竞争能力都获得提升[183]。卢燕等（2006）通过实证研究，得出研发伙伴的技术实力、资源水平、相容性水平、知识产权情况与合作的满意度之间正相关[184]。

因此，在具体选择合作伙伴的评价指标体系时，必须全面反映备选企业目前的综合水平。评价体系的指标权重必须有一定的科学性。评价机制应具有足够的灵活性，以至核心企业能根据自己的特点以及实际情况，并且随着市场和其他外界环境的变化灵活运用机制。在选取合作伙伴的评价指标，建立评价指标体系之后，应选取一定的方法进行评价。合作伙伴的选择方法很多，有的方法需要指标体系，如线性加权、AHP、DEA、TOPSIS、模糊评价等方法。有的方法模拟自然界的选择，不需要指标体系，即遗传算法。具体评价方法的选取，要结合实际的任务需要，本书不进行具体讨论。

5. 签订合作契约

经过以上阶段的反复筛选，核心企业如果对备选的合作伙伴感到满意的话，合作双方会签订合作契约，这种契约主要是指合同等正式契约和合作双方基于信任所建立的心理契约。

6. 跟踪监控

由于信息不对称性在签约之后带来的风险，在缺乏可操作的而且严格的监控措施时，合作伙伴有可能不履行先前的承诺，合作效果可能会被降低。在跟踪监控的阶段中，核心企业行使监督权和控制权。核心企业在合同建立后对合作伙伴实行跟踪监控，一旦发现合作伙伴的道德风险，便及时警告、处理、惩罚甚至中止合作关系和运用法律解决。如果合作伙伴签约后的行为能够符合核心企业合作的要求，意味着合作关系的成立[177]。

第三节　本章小结

企业间多种形式的合作是技术创新网络中有效的联结方式，本书对在信息不对称情况下技术创新网络核心企业的合作伙伴选择过程进行了研究。本章的分析可以看出：核心企业在对合作伙伴选择的过程中，面临着备选企业能力信息不对称和合作伙伴行动信息不对称等问题，信息不对称对核心企业合作伙伴的选择有重要影响；为使合作效用达到最大化，核心企业在对合作伙伴的评价之前，应对信息进行甄别以规避逆向选择风险。在签约之后，需对合作伙伴进行跟踪监督，以规避道德风险；一个有效的核心企业合作伙伴选择流程，应当包括确定合作任务、信息交流识别、信息确认、综合评价、签订合作契约、跟踪监督六个关键环节。核心企业在合作伙伴选择的过程中一直处于主动地位，并对整个合作伙伴选择的过程进行控制、协调，对合作伙伴的行为进行监督。因此本章是完成核心企业伙伴选择过程的重要内容，对于承接上一章核心企业技术联盟的理论框架和下一章联盟伙伴企业的综合评价起到很好的衔接作用。

第五章 联盟伙伴的综合评价

第一节 联盟伙伴选择的原则和标准

核心企业技术联盟伙伴选择标准及设置原则是一个非常重要的问题。但核心企业在选择联盟伙伴时，往往主观成分较多，没有形成一个科学的、全面的标准体系，不能对潜在联盟伙伴及现有伙伴做出全面、具体、客观的评价。本书认为制定企业技术联盟伙伴的选择标准应该遵循科学系统原则、稳定可比性原则与灵活可操作性原则。下文对这些原则做简单介绍。

第一，科学系统原则。选择标准体系不仅必须全面反映潜在企业技术联盟伙伴目前的综合水平，还应该包括企业发展前景的各方面指标。另外，选择标准体系的大小必须适合，也即标准体系的设置应有一定的科学性。如果指标体系过大，指标层次过多，指标过细，势必将评价者的注意力吸引到细小的问题上，而指标体系过小，指标层次过少，指标过粗，又不能充分反映潜在伙伴的水平。

第二，稳定可比性原则。企业技术联盟伙伴的选择标准体系的设立还应该考虑到与其他指标体系的比较。如竞争力指标，一方面可以利用现有资源，另一方面也可以使标准体系更具有公正性和说服力。

第三，灵活可操作性原则。选择评价的标准体系应该具有足够的灵活性，以使企业能根据自己的特点以及实际情况，对标准体系灵活运用。这个原则在实际问题的处理中非常重要。

企业技术联盟伙伴选择标准主要包括联盟伙伴的相容性标准与联盟实力标准两个方面。

第一，联盟伙伴的相容性标准。相容性是指联盟伙伴之间要相互兼容，具有共同的价值取向。只有联盟的伙伴具有相容性，联盟才会成功。两个实行联盟的企业，首先要做的事是能在一起工作，能够相互配合。联盟伙伴的相容性越强，两者结成的联盟就会越牢固、越长久。在考察潜在联盟伙伴的相容性时，主要从以下几方面考虑：联盟伙伴以往合作的记录、联盟伙伴的发展战略、联盟伙伴的组织管理、联盟伙伴的公司文化。

第二，联盟伙伴的实力标准。企业参加企业技术联盟的目的是为了让自己在市场的竞争中能处于有利的位置，故选择联盟企业时，对方的实力是很重要的。联盟者必须有能力与自己的企业进行合作，合作才有价值。联盟关系的组建要寻找那些能克服自己公司弱点的企业。在评价对方的实力时，一般从以下几方面考虑：对方的技术水平、对方的生产能力、对方的市场地位、对方的经济绩效和财务稳定性、信息共享性和联盟伙伴的投入[177]。

第二节　核心企业技术联盟伙伴选择指标体系

核心企业选择盟友企业的过程是一个综合评价的过程。这里以核心能力为中心设定评价指标体系，如表5.1所示。

指标体系中的成本是指企业为满足联盟要求必须实现转换费用，包括生产、技术、工艺等各方面，这些转换费用最后要计入产品成本中。除此之外，建立合作伙伴间协调所花费的费用也会计入产品成本中。

在核心企业技术联盟对准盟友企业的具体评价过程中，由于成本、风险与企业信誉三个指标自身的模糊性，可操作性不强，根据指标的可操作性和灵活性原

表 5.1　核心企业技术联盟伙伴选择的指标体系

综合评价指标体系	核心能力评价	设计开发	新产品研发水平
			研发资金投资比重
			研发人员比重
			设备水平
			工艺水平
		加工制造	生产规模
			操作工人素质
			生产管理水平
		服务	售后服务
	成本评价指标	成本	生产加工成本
			项目报价
	时间评价	时间	交货时间
			企业间协调时间
	风险评价	风险	管理制度组织文化的兼容性
			核心能力知识产权外泄风险
	其他	企业信誉	企业信誉度

则，本书坚持核心能力共享的思想，为了突出核心能力在伙伴选择中的重要地位，形成一个具有针对性的指标体系进行评价。由于评价指标众多，加上指标自身的模糊性，这里采用模糊综合评价法。因此下文先介绍模糊评价的一般思想，然后通过实证分析，以研究开发能力、加工制造水平、生产人员素质、售后服务水平、交货及时性、产品报价和合作信誉（历史合作情况）七个指标（联盟伙伴核心能力的不同表现）介绍核心企业选择合作伙伴的过程。

第三节　基于模糊理论的核心企业联盟伙伴选择模型

我们假定为实现其特定目标构建，核心企业技术联盟的成本小于其市场化运作的成本，在此前提下选择合作伙伴。依据相容性与联盟伙伴的实力原则选择联盟伙伴，才能达到既定的目的。

技术联盟的伙伴选择需要遵循一定的流程，首先要确定备选对象，然后在一定的目标与原则下，选择恰当的评价方法对入围伙伴展开筛选工作。通过筛选构成入围伙伴集，再利用基于模糊理论的方法选择核心企业技术联盟的伙伴。流程如图 5.1 所示。

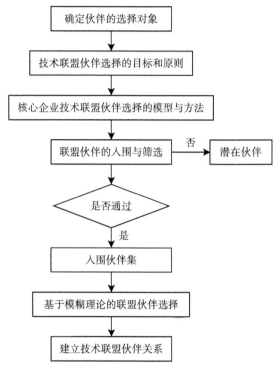

图 5.1 基于模糊理论的核心企业技术联盟伙伴选择

一、基于模糊理论的核心企业联盟伙伴选择模型

我们首先介绍一下模糊理论的基本原理。人类知识的固有特点是不确定性，因为确定性问题的表达已比较成熟，因此模糊知识或者说模糊集合论的表达可以在确定性知识表达的基础上进行。模糊集合论的表达如下[176]：

1. 模糊集合论

所谓给定了论域 U 上的一个模糊集 $\hat{A}$，是指对于任意的 $u \in U$，都指定了一个数 $\mu\hat{A}(U) \in [0, 1]$ 与之对应，这个数叫作 U 对 A 的隶属度。映射：$\mu\hat{A}(U) \to$

[0，1]，其中 U→μÂ(U) 叫作 Â 的隶函数。

2. 基于优先关系的模糊优选决策理论

设系统有待进行比较的方案集：P = {p₁, p₂, …, pₙ}，其中，P_j 为第 j 个方案，j = 1, 2, …, n。n 为方案数也就是待决策元素总数。设系统有影响因素的目标集：O = {o₁, o₂, …, oₘ}，其中 O_i 为第 i 个目标，i = 1, 2, …, m；m 为影响因素集目标总数。

定义 1：方案集中的方案 P_K 与 P_t 作二元优先关系对比，若：

i. P_K 比 P_t 重要，令排序标度 $e_{kl} = 1$，$e_{lk} = 0$；

ii. P_K 与 P_t 同等重要，令排序标度 $e_{kl} = 0.5$，$e_{lk} = 0.5$；

iii. P_K 不如 P_t 重要，令排序标度 $e_{kl} = 0$，$e_{lk} = 1$；

K = 1, 2, n；l = 1, 2, n；n 为方案数，也就是决策集的元素总数；e_{kl} 仅在 0，0.5，1 三个数中取值，且满足以下等式：$e_{kl} + e_{lk} = 1$；当 k = 1 时，$e_{lk} = 0.5$。

定义 2：根据优先关系法的互补性原则，可以建立系统关于 i 目标的二元优先关系对比矩阵：

$$E = \begin{bmatrix} e_{11} & e_{12} & \cdots & e_{1n} \\ e_{21} & e_{22} & \cdots & e_{2n} \\ \vdots & \vdots & & \vdots \\ e_{m1} & e_{m2} & \cdots & e_{mn} \end{bmatrix} \tag{5-1}$$

定义 3：按照优先关系和排序一致性原则，将优先关系目标矩阵 E 的各行相加，可以得到一个表示 i 目标下各决策元素的原先关系的列向量，将其归一化或者采用越大越优或越小越优方法，就得到目标相对优属度矩阵的第 i 列，重复以上步骤可以得到目标集对决策集的相对优属度矩阵——隶属度矩阵：R = (r_{ij})。

其中 r_{ij} 表示第 j 个方案在第 i 个目标下的隶属度。采用同样的方法可以确定各因素的权重，这就给非结构性模糊因素优选提供了理论依据。

定义 4：目标集的权重按照目标集的相应重要程度进行描述。M 个目标间相互进行比较可以得到二元优先关系比较矩阵 $(\beta_{ij})_{m \times m}$。

$$\beta = \begin{bmatrix} \beta_{11} & \beta_{12} & \cdots & \beta_{1m} \\ \beta_{21} & \beta_{22} & \cdots & \beta_{2m} \\ \vdots & \vdots & & \vdots \\ \beta_{m1} & \beta_{m2} & \cdots & \beta_{mm} \end{bmatrix} \qquad (5-2)$$

由此得到的二元优先关系比较矩阵的行向量的和为：

$$\beta_i = \sum \beta_{ij}, \ i = 1, \ 2, \ \cdots, \ m \qquad (5-3)$$

式（5-3）表示了目标的相对重要性。对 β_i 进行归一化，得到目标权向量：

$$\omega = (\omega_1, \ \omega_2, \ \cdots, \ \omega_m) = (\beta_1 / \sum_{i=1}^{m} \beta_i, \ \beta_2 / \sum_{i=1}^{m} \beta_i, \ \cdots, \ \beta_m / \sum_{i=1}^{m} \beta_i)$$

$$= (\beta_1 / \sum_{i=1}^{m} \sum_{j=1}^{m} \beta_{ij}, \ \beta_2 / \sum_{i=1}^{m} \sum_{j=1}^{m} \beta_{ij}, \ \cdots, \ \beta_m / \sum_{i=1}^{m} \sum_{j=1}^{m} \beta_{ij}) \qquad (5-4)$$

二、基于模糊理论的核心企业技术联盟伙伴选择问题描述

（1）建立因素集。因素集是以影响优化对象的各种因素或者说是目标为元素组成的集合，它是一个普通的集合，用 U 表示。

采用以下的表达式表示：$U = (u_1, u_2, \cdots, u_m)$。式中 m 为因素的总个数，这些因素通常具有不同程度的模糊度。

（2）建立权重集。一般而言，各个因素的重要程度是不一样的，为了反映各个因素的重要程度，对各个因素 U 应赋予一定的权重，由各权重数所组成的集合，称为权重集，用 ω 表示：

$$\omega = (\omega_1, \ \omega_2, \ \cdots, \ \omega_m), \ \sum_{i=1}^{m} \omega_i, \ \omega_i \geqslant 0 \qquad (5-5)$$

（3）建立评价集。评价集是以优选者对优选对象可能做出的总的优选结果组成的集合，用 V 表示，v_j 为集合元素，在本书中表示被选择的合作伙伴，如下文提到的某个企业，用以下表达式表示：$V = \{v_1, v_2, v_n\}$，其中 n 为总的优选结果数。技术联盟合作伙伴模糊选择的目的，就是在综合考虑多种影响因素的基础上，从优选集中选出一个最佳的评价结果。

（4）确立模糊优先矩阵。设优选对象按因素集中第 i 个因素 u_i 进行优选时，如果评价集中第 j 个元素 v_j 的隶属程度为 r_{ij}，则按第 i 个因素的 u_i 优选结果可由模糊集合表示：

$$R_i = \frac{r_{i1}}{v_1} + \frac{r_{i2}}{v_2} + \cdots + \frac{r_{in}}{v_n} \tag{5-6}$$

这样可以得到一个总体模糊评价矩阵：

$$R = \begin{bmatrix} r_{11} & r_{12} & \cdots & r_{1n} \\ r_{21} & r_{22} & \cdots & r_{2n} \\ \vdots & \vdots & & \vdots \\ r_{m1} & r_{m2} & \cdots & r_{mn} \end{bmatrix} \tag{5-7}$$

（5）模糊综合优选。如进行模糊单级优选，则采用式（5-8）就可以得到模糊综合优选的结果：

$$B = \omega \cdot R = \begin{bmatrix} \omega_1 & \omega_2 & \cdots & \omega_m \end{bmatrix} \cdot \begin{bmatrix} r_{11} & r_{12} & \cdots & r_{1n} \\ r_{21} & r_{22} & \cdots & r_{2n} \\ \vdots & \vdots & & \vdots \\ r_{m1} & r_{m2} & \cdots & r_{mn} \end{bmatrix} = (b_1, b_2, \cdots, b_n) \tag{5-8}$$

b_j 含义是综合考虑所有的因素时，优选对象对评价集中第 j 个元素的隶属度。根据最佳隶属度原则，选择隶属度高的作为合作伙伴。

第四节　基于模糊理论的核心企业技术联盟伙伴选择的实证分析

一、公司简介

武汉重型机床集团有限公司是经武汉市政府授权经营，由原武汉重型机床厂改制建立的现代制造企业。武汉重型机床集团有限公司的前身是我国"一五"时期 156 项重点工程之一的武汉重型机床厂，该厂是我国制造数控重型和超重型机床的大型骨干企业。自 1958 年建厂以来，企业先后为我国的机械、能源、航空、航天、军工、交通、化工等行业提供了一万多台重大设备，并向北美、中东、东南亚、非洲等地区的 20 多个国家和地区出口产品。以 CK53160 数控 16 米单柱立式移动车床为代表的一批高科技产品填补了国内空白，为国家重点工程项目做出了重要贡献。武汉重型机床集团有限公司的辉煌历史，被誉为机床制造业的"亚洲明珠"。

武汉重型机床集团有限公司在传承武汉重型机床厂的基础上，严格按规范化的公司制要求组建。拥有立式车床、卧式车床、镗床、铣镗床、齿轮加工机床、轧辊磨床、激光加工机床、回转工作台、锻压设备及各类专机 12 大类 30 个系列 200 多个可供品种，能够向用户提供各种菜单式。公司具有雄厚的科研能力，企业技术中心被评为省级技术中心，CK、CH51 系列小立车被评为湖北省名牌产品，CKX53160A、HR11、CH5116B 等一批新产品被评为国家级重点新产品，CKX5680 七轴五联动车铣复合加工机床被列入国家高新技术发展计划，产品结构已完成向精密数控、加工中心、柔性单元、激光加工等高档机光电一体化的转化，数控机床的总体水平处于国内先进地位，在国际有较强竞争力。在通过了 ISO9001 国际质量体系标准认证后，产品质量有了可靠的体系保证。

武汉重型机床集团有限公司以装备中国为己任，致力于营建中国数控重型机床研发制造基地、华中地区国际化加工协作基地，并以产品为对象，组建了武汉武重铸锻有限公司、武重机械加工公司、武汉威泰数控立车有限公司、武重数控镗床公司、武重数控铣床公司、武汉善福重型机床有限公司等专业化分（子）公司，将主业突出，结构优化，用一流的产品、优质的服务回报社会、服务用户，实现"武重机床、装备中国"的宏伟目标。

武汉重型机床集团有限公司作为一个核心企业，在车床领域具有非常突出的技术研发优势，为了在全球化竞争中保持可持续的竞争优势，需要在数控机床的技术开发能力、制造水平、生产能力、售后服务水平等价值链环节选择具有相应核心能力的企业作为合作伙伴，与在组建数控机床加工与研发、生产与销售方面具有强烈竞争优势的核心企业技术联盟。

二、核心企业技术联盟伙伴选择的实证分析

现以武汉重型机床集团有限公司为核心企业，以数控机床的生产为核心产品，在华中地区选择一些在技术开发能力、加工制造能力、生产组织能力、售后服务能力、交货能力（主要以交货的及时性为准）、产品价格等价值链环节有一定核心能力（表现为一定的竞争优势）的相关企业组成核心企业技术联盟。笔者通过对武汉重型机床集团有限公司等企业实地访谈、调研收集了一些相关资料，利用其销售机床时所积累的资料，选定了五个实力较强的合作伙伴企业 A、B、C、D、E 组成核心企业技术联盟（根据所调查企业的要求，不宜透露合作伙伴企业的相关资料，在本书中以 A、B、C、D、E 代替那些联盟伙伴企业）。针对数控机床在生产、销售中的特点，该公司选定了以下七个指标：研究开发能力、加工制造水平、生产人员素质、售后服务水平、交货及时性、报价水平、历史合作情况作为评价指标。

本书在湖北地区选取 30 家与武汉重型机床集团有限公司有良好合作关系的冶金机械设备公司作为访谈对象。在对候选企业进行具体指标评价时，确定该领域了解各个企业情况的 20 位专家作为评价者，通过各个专家对候选企业隶属相应因素等级的频率进行统计，得到各项具体评价指标的隶属度值（见表 5.2）。

表 5.2　候选企业评价指标的隶属度值

候选企业	级别	技术开发能力	加工制造水平	生产人员素质	售后服务水平	交货及时性	报价水平	历史合作情况
甲	优	1/10	1/10	0	0	0	0	1/10
	良	8/10	3/10	2/10	6/10	9/10	5/10	8/10
	中	1/10	6/10	6/10	4/10	1/10	3/10	1/10
	差	0	0	2/10	0	0	2/10	0
乙	优	1/10	0	5/10	2/10	5/10	2/10	6/10
	良	6/10	6/10	4/10	5/10	5/10	5/10	3/10
	中	2/10	4/10	1/10	3/10	0	4/10	1/10
	差	1/10	0	0	0	0	1/10	0

续表

候选企业	级别	技术开发能力	加工制造水平	生产人员素质	售后服务水平	交货及时性	报价水平	历史合作情况
丙	优	1/10	1/10	0	0	0	0	0
	良	6/10	5/10	4/10	5/10	8/10	5/10	9/10
	中	3/10	4/10	5/10	4/10	1/10	5/10	1/10
	差	0	0	1/10	1/10	0	0	0
丁	优	9/10	0	0	0	2/10	2/10	0
	良	1/10	0	0	0	8/10	5/10	5/10
	中	0	3/10	2/10	5/10	0	3/10	4/10
	差	0	7/10	8/10	5/10	0	0	1/10
戊	优	8/10	7/10	0	1/10	0	0	9/10
	良	2/10	3/10	0	6/10	8/10	0	1/10
	中	0	0	7/10	3/10	1/10	4/10	0
	差	0	0	3/10	0	1/10	6/10	0

用模糊综合评判法进行评判：

1. 确定评判目标集 U

$U = \{U_i\}$（i = 1，2，3，4，5，6，7）

U_1 = 研究开发能力；U_2 = 加工制造水平；U_3 = 生产人员素质；U_4 = 售后服务水平；U_5 = 交货及时性；U_6 = 报价水平；U_7 = 历史合作情况

权重系数向量 A =（0.20，0.16，0.11，0.20，0.65，0.50，0.10）

2. 确定评价等级向量

优 = 95，良 = 80，中 = 70，差 = 50

C = {95，80，70，50}

3. 模糊综合评价矩阵 R

$$R_A = \begin{bmatrix} 0.8 & 0.1 & 0 & 0 \\ 0.1 & 0.3 & 0.6 & 0 \\ 0 & 0.2 & 0.6 & 0.2 \\ 0 & 0.6 & 0.4 & 0 \\ 0 & 0.9 & 0.1 & 0 \\ 0 & 0.5 & 0.3 & 0.2 \\ 0.1 & 0.8 & 0.1 & 0 \end{bmatrix} \quad R_B = \begin{bmatrix} 0.1 & 0.6 & 0.2 & 0.1 \\ 0 & 0.6 & 0.1 & 0 \\ 0.5 & 0.4 & 0.1 & 0 \\ 0.2 & 0.5 & 0.3 & 0 \\ 0.5 & 0.5 & 0 & 0 \\ 0.5 & 0.4 & 0.1 & 0 \\ 0 & 0.6 & 0.3 & 0.1 \end{bmatrix}$$

$$R_C = \begin{bmatrix} 0.9 & 0.1 & 0 & 0 \\ 0 & 0 & 0.3 & 0.7 \\ 0 & 0 & 0.2 & 0.8 \\ 0 & 0 & 0.5 & 0.5 \\ 0.2 & 0.8 & 0 & 0 \\ 0.2 & 0.5 & 0.3 & 0 \\ 0 & 0.5 & 0.4 & 0.1 \end{bmatrix} \quad R_D = \begin{bmatrix} 0.1 & 0.6 & 0.3 & 0 \\ 0.1 & 0.5 & 0.4 & 0 \\ 0 & 0.4 & 0.5 & 0.1 \\ 0 & 0.5 & 0.4 & 0.1 \\ 0 & 0.8 & 0.2 & 0 \\ 0 & 0.5 & 0.5 & 0 \\ 0 & 0.9 & 0.1 & 0 \end{bmatrix}$$

$$R_E = \begin{bmatrix} 0.8 & 0.2 & 0 & 0 \\ 0.7 & 0.3 & 0 & 0 \\ 0 & 0 & 0.7 & 0.3 \\ 0.1 & 0.6 & 0.3 & 0 \\ 0 & 0.8 & 0.1 & 0.1 \\ 0 & 0 & 0.4 & 0.6 \\ 0.9 & 0.1 & 0 & 0 \end{bmatrix}$$

4. 评价结果

$B_A = A_A \cdot R_A$

$$= (0.2,\ 0.16,\ 0.11,\ 0.12,\ 0.165,\ 0.15,\ 0.10) * \begin{bmatrix} 0.1 & 0.6 & 0.3 & 0 \\ 0.1 & 0.5 & 0.4 & 0 \\ 0 & 0.4 & 0.5 & 0.1 \\ 0 & 0.5 & 0.4 & 0.1 \\ 0 & 0.8 & 0.2 & 0 \\ 0 & 0.5 & 0.5 & - \\ 0 & 0.9 & 0.1 & 0 \end{bmatrix}$$

归一化后得：$B_A = (0.167,\ 0.333,\ 0.333,\ 0.167)$

同理可求得：$B_B = (0.2,\ 0.2,\ 0.15,\ 0.16)$

归一化后得：$B_B = (0.282,\ 0.282,\ 0.221,\ 0.225)$

$\qquad\qquad B_C = (0.16,\ 0.2,\ 0.2,\ 0.1)$

归一化后得：

$B_C = (0.242,\ 0.303,\ 0.303,\ 0.152)$

$B_D = (0.1,\ 0.2,\ 0.16,\ 0.156)$

归一化后得：

$B_E = (0.2,\ 0.16,\ 0.16,\ 0.16)$

5. 各企业最终得分

$$W_A = B_A = C^T = (0.167,\ 0.333,\ 0.333,\ 0.167) * \begin{bmatrix} 95 \\ 80 \\ 70 \\ 50 \end{bmatrix} = 74.165$$

$W_B = 75.37$

$W_C = 76.04$

$W_D = 72.46$

$W_E = 74.93$

$W_C > W_B > W_E > W_A > W_D$

因此，最后该公司选择 C 企业作为数控机床最佳合作伙伴。

第五节　本章小结

这一章首先简单确立了核心企业技术联盟伙伴选择标准及标准体系的设置原则。其中系统全面性原则、简明科学性原则、稳定可比性原则与灵活可操作性原则是一般的原则，本书从灵活性原则和可操作性原则出发设立的核心能力的七个指标是对这一原则的具体应用。相容性原则也是前文提出的文化和战略目标相容的具体体现，实力原则是伙伴选择要突出考虑的前提，它直接涉及能否完成联盟的任务和目标。

从核心能力共享思想设计的可操作的七个指标比较实用、简明。本章通过模糊理论的思想对核心企业技术联盟的伙伴选择结合具体企业的实际情况进行了实证分析，收到较好的效果。

本书写到此，完成了核心企业选择"一流队伍"（即合作伙伴），"建立根据地的任务"（即形成"核心企业技术联盟"）。本可以结束写作，但是好戏只是开头，远没有结束。"根据地"形成后，如何"打胜仗"是我们必须要了解的后续故事。因此，本书下一章研究"核心企业技术联盟对区域经济的牵引机制"是故事的高潮部分，也是本书的最精彩部分。

第六章 核心企业技术联盟对区域经济的牵引机制研究

前面几章我们探讨了核心企业如何选择合作伙伴组建核心企业技术联盟，即组建"队伍"的过程，"队伍"组建好后，如何"打胜仗"也是一个关键问题。因此，核心企业技术联盟如何牵引区域经济的发展是一个值得研究的问题，也是一个必须研究的问题。下文先探讨产业集群与区域创新体系的关系，然后从核心企业技术联盟的角度探讨如何培育区域集群核心能力，最后研究区域集群核心技术联盟如何牵引区域经济的发展。

第一节 产业集群与区域创新体系

产业集群是由产业、人口、城镇、信息、基础设施等要素构成的非平衡态、非线性相互作用的开放系统，通过内部要素的相互融合以及与外部系统物质、能量、信息的频繁交换维系着自身的存在。波特指出，一个集群一旦形成，一种自我强化的过程会促进它的成长。产业集群在横向和纵向的联系中，不断体现出对区域经济系统的影响和作用，在内部各要素的功能整合过程中实现自身结构及组织的有序化发展。同时，区域创新体系的建立与发展又呈现出与产业集群的生态化融合化的趋势[185]。

区域创新的概念有广义和狭义之分，广义的含义是指整个区域文化、社会、经济发展创新，狭义的含义仅指与区域新技术、新知识创造、产生、流动、应用有关的过程。世界上绝大部分国家的区域创新概念都在狭义上进行定义。人们对创新的认识已不再简单地将其看作一个源于实验室的线性过程，而是看作受多种社会、文化影响的、多回路的过程，它包括积聚创新、增量创新、价值创新、技术创新和商业模式创新。由于区域的差异性，在每个区域其政策的优先顺序和重点都不一样，而这种差异性既包括生态地理、自然资源，也包括市场容量、文化习俗、R&D 制度、产业集群、信息网络、人力资源状况。在某种程度上，区域的差异性决定了区域的创新政策的差异性。

第一章我们通过文献综述梳理了区域创新体系的研究内容。简单来说，区域创新体系（Reginal Innovation System，RIS）是借鉴国家创新体系的理论和方法，将区域经济理论与创新理论相结合，研究一个国家特定区域的创新问题。区域创新体系是指在一国内的一定地域范围内，将新的区域经济发展要素或这些要素的新组合引入区域经济系统，创造一种新的更为有效的资源配置方式，实现新的系统功能，使区域内经济资源得到更有效的利用，从而提高区域创新能力，推动产业结构升级，形成区域竞争优势，促进区域经济跨越式发展。

在弄清三个基本概念的基础上，我们先从产业集群的几个基本经济效应着手，随后探讨产业集群与区域创新的关联性。

一、产业集群效应

（一）产业集群的类型

按照集群的产业性质，可以将产业集群分为三种类型：

（1）传统产业集群。它以传统的手工业或劳动密集型的传统工业部门为主，劳动分工比较精细，专业化程度较高，市场组织网络发达，如纺织、服装等行业。

（2）高新技术产业集群。它主要依托当地的科研力量（如著名大学和科研机构）发展高新技术产业，企业间相互密切合作，具有强烈的创新氛围，如美国硅谷和印度班加罗尔软件产业集群。

（3）资本与技术结合型产业集群。一般来说，由于存在着不确定性以及研发与生产的日益分离，高新技术企业比传统产业企业更倾向于集聚。据研究表明，在美国像电脑、制药等高新技术产业的创新活动明显多于传统产业，与此相对应，高新技术产业的企业更加倾向于以集群的形式存在[186]。

(二) 产业集群效应

产业集群是一种属地现象，表现为在投入产出链上具有前向关联、后向关联或水平关联的一系列产业和企业在特定区位上的集聚。产业集群可以产生规模经济效应、增长极效应和回流效应三大效应。

1. 规模经济效应

包括外部规模经济和内在规模经济。外部规模经济是直接由产业集群造成的。当特定的产业在一定的区位上集聚时，它的投入流量和产出流量会创造出诱人的商机，带动价值链中相关环节的膨胀，从而孕育出产品市场、劳动力市场、资本市场、信息市场和相关基础设施的建设，同时，也使得内在规模经济更加趋于合理。

2. 增长极效应

产业集群会形成新的增长极，增长极所聚集的产业能量会沿着业务流程扩散，形成从高到低的梯度分布，产生扩散效应。增长极效应会造就区域经济中心，会吸引各种要素向中心集中，会造就特定区域的产业结构，形成区域特色。

3. 回流效应

地区增长极的形成会促使原来流出的生产要素产生回流现象，产业集群所造成的市场引力会使资本持有者看到投资机会，由于新崛起的增长极造就的增长空间要比传统增长极更大，这样，资本持有者便会携带有效要素流入新的盈利空间[187]。

首先，产业集群与需求拉动和企业追求溢价效应有关。凡是在特定区位集聚的产业，都是面向一个大规模成长的市场发展起来的，因此，它一定是靠需求拉动的，面对活跃的贸易，企业以集群/组团的方式比单独活动更能拿到大的订单，产生溢价效应。

其次，产业集群与技术外溢有关。在产业集群过程中可以看到一种技术外溢的现象：高端技术企业掌握的核心技术和辅助技术，缓慢地扩散到低端技术企业和相关的组织。这种技术外溢是沿着产品价值链逐渐形成的。技术外溢使得群内企业的综合成本下降，提高了集群企业的竞争力，进而形成群内企业的凝聚力和群间的影响力。由于各种中间商的集群，使得贸易技巧、市场信息、行情变化、贸易规则等会自动在群内外溢，带来区域市场的活跃[185]。

最后，产业集群促使企业突破自身边界。按照科斯定理，交易费用的合理性决定了企业的边界，企业规模的扩张与企业把外部交易行为通过产权变更转化为内部转移定价行为有关。但是，企业规模的扩大会产生大企业病，造成规模不经济，况且，在管理能力和技术能力既定的条件下，企业扩张的边界也是有限的。因此，突破这一限制的现实选择便是产业集群。

在产业集群过程中，每个企业的绝对边界和相对边界均得以扩大，当交易费用大于零时，不一定要通过产权安排来提高资源配置效率。企业集群是以关联产业为基础的，其本质是一种以价值链为纽带而形成的产业群。各个企业之间在投入产出方面的必然联系，以及由市场需求所决定的业务规模，会形成以主导产业为核心、以关联产业为支柱的产业群，这种"群"的效应会使群内所有企业的交易成本低于群外企业，因此，企业要增加自身的竞争力，必须使自己成为群内价值链中的一个环节，当这种意识成为许多企业的经营理念时，产业集群现象自会应运而生[188]。

二、区域创新体系的要素构架

区域创新体系是在特定的经济区域内和特定的社会经济文化背景下，各种与创新相关联的主体要素（实施创新的机构和组织）和非主体要素（创新所需要的物质条件）以及协调各要素之间关系的制度和政策所构成的网络。该体系通常是由创新主体、创新环境和行为主体之间的联系与运行机制三个部分构成，其目的是推动区域内新技术或新知识的产生、流动、更新和转化。区域创新体系包括的基本构成要素有：

（一）主体要素

即创新活动的行为主体，包括企业、大学、科研机构、各类中介组织和地方政府。其中，企业是技术创新的主体，也是创新投入、产出以及收益的主体，是创新体系的核心。区域创新体系的形成要依赖各个参与者在创新活动中所结成的网络关系，区域创新体系的参与者借助产业网络和社会网络或者遵循共同的技术范式形成了一个创新网络，在这个网络中企业运用所掌握的创新资源开发新的产品和技术，形成区域创新体系的产出。作为由五大行动主体构成的网络型组织，存在着清晰的区域创新网络[186]（见图 6.1）。

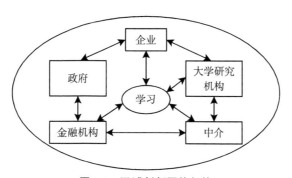

图 6.1　区域创新网络架构

（二）功能要素

即行为主体之间的联系与运行机制，包括制度创新、技术创新、管理创新的机制和能力。首先是各主体的内部运营机制健全，其次是主体之间的联系合理、运行高效。企业、科研机构与学校、政府以及中介机构之间构建的信息能够高效流动，资源分配合理，发挥各自优势。

（三）环境要素

即创新环境，包括体制、基础设施、社会文化心理和保障条件等，市场环境是企业创新活动的基本背景，创新环境是维系和促进创新的保障因素。其中，功能要素和环境要素可以通过主体要素，特别是企业的行为、发展特征和经济效果反映出来[187]。

区域创新体系作为一个网络系统，其直接目的是提高区域科技创新能力，最终增强区域竞争力，加快区域经济的发展。区域经济的快速发展和经济增长的质量的提高，需要依托区域创新体系不断开拓区域经济的新增长点，需要依靠区域创新体系来带动整个区域经济的增长。

三、产业集群与区域创新体系的关联性分析

研究成果和实证资料表明，产业集群的一个最主要的优势便是其创新效应，产业集群实际上就是一个特殊的创新系统。由于产业集群内的企业和其他机构聚集在某一特定区域内，而且存在创新的条件和环境，如果各行为主体间的创新活动能够以网络或系统的联系方式出现，产业集群和区域创新体系就构成必然的联系。二者之间的关联性体现在如下三个方面：

（一）地域关联

区域创新体系和产业集群均属于区域经济领域研究范畴，其研究范围均局限于特定区域范围内。源于特定的历史条件、地域特性和产业特性的有效结合，产业集群往往在特定区域出现，具有明显的地域性，成为目前区域经济发展中产业布局的新形式。从这一意义上讲，产业集群成为区域创新体系的重要载体。

（二）结构关联

企业、大学、中介机构等创新主体及环境要素具有很大的重叠性。产业集群的核心单元是企业群和相互依存的企业网络；区域创新体系的基本主体（大学、企业、政府和中介机构）如果位于集群区域，往往也成为构成产业集群的主体要素，否则就构成产业集群发展的外部环境。通过构建主体间的联系网络和学习机制，创建本地的专有因素，是产业集群和区域创新体系建设的共同点。

（三）功能关联与目标关联

区域创新体系的主要功能是促进和进行新知识与新技术的生产、扩散及应用；产业集群实现创新的主要途径是建立有效的合作网络、促进知识在本地扩散流动。从这一意义上讲，产业集群和区域创新体系在促进知识流动和技术扩散上的功能具有很大的重叠性。因此，促进区域内的知识流动和创新主体互动是区域创新体系和产业集群的共同功能[188]。

区域创新体系建设的直接目的是促进资源的有效配置，促进产业的创新和发展，最终目的是提高区域创新能力，形成区域竞争优势。产业集群体现特色产业与区域经济的有机结合，其目标是通过企业集聚形成外部经济，显著降低创新成本，提高产业和区域竞争力，与区域创新体系建设的目标紧密相关。产业集群是区域创新体系建设的基础和有效途径，产业集群的多样性和特色正是区域创新体系的活力所在。积极培育和推进地方产业集群已成为目前区域创新体系建设的重点和政府制定政策的着眼点[189]。

第二节　区域集群核心能力的培育：基于核心企业技术联盟的考察

产业集群的主要优势是特定产业在有限的区域内聚集各种资源要素，并通过其特有的功能进行各种资源的整合，因而表现出很强的竞争力。然而，这种资源的重组只不过是产业集群众多特征的一个方面，是以集群中核心企业（或称龙头企业、中心企业）为基础，吸收其他有独特核心能力并且与其形成良好互补效应的合作伙伴企业聚集起来，在信任和互利的基础上，通过信任、知识传递等互利关系形成的核心企业技术联盟，这种联盟更扩充了产业集群的内涵与外延，从而在质的方面进一步提升了产业集群的竞争优势。其中，在产业集群内形成的核心企业技术联盟，共同进行核心技术的研发，该产业集群的竞争力将在更深层次上得到提升，并会延长其生命周期。

一、产业集群核心能力的界定

集群核心能力是在企业核心能力基础上发展的一个概念。国外学者研究指出核心能力有"整合观、网络观、协调观、组合观、知识载体观、元件构建观、平台观和技术能力观"八种代表性的观点。例如，普拉哈拉德和哈默"整合观"认为，"核心能力是不同技能与技术流的整合"；国内学者研究指出核心能力有资源观、资产与机制融合观、消费者剩余观、体制与制度观、能力观、创新观、组合观和文化与价值观八种有代表性的观点。例如，李悠诚"资源观"认为，"企业核心能力在本质上是企业通过对各种技术、技能和知识进行整合而获得的能力"。这里关于核心能力的界定均包含一个基本观点，即知识（这里是指广义的知识，它表现为技术、产品、管理能力等不同的形式）是核心能力的基础，核心能力的根源在于知识，形成企业核心能力的知识体系不是短时间内形成的，而是组织在经营过程中长时期的积累，是组织内部特殊化技能和经验知识的体现[190]。

集群核心能力是集群具有竞争优势并可持续发展的基础。鲁开垠指出"集群核心能力是指集群内企业和组织在社会网络体系中对知识累积、学习能力、社会网络、协调能力和创新能力的有机整合，其本质基础是集群的知识资本"；王缉慈认为，"产业集群的核心能力要从知识创造方面来认识，集群核心能力应该是集群知识创造力和技术创新能力"[191]。在此，我们做出简单界定：集群核心能力是指集群在其长期成长和演化过程中，依靠知识和经验积累形成的，与集群的技术、结构、文化、价值观等独特性质密切相关；它呈现出独特性、衍生性、学习积累性和路径依赖性等特征；在结构上由一个互补性、整合性知识体系构成，它所具有的能力是指集群内企业组织和相关机构在社会网络体系中对学习能力、知识积累、社会资本、整合能力、创新能力的有机融合。从本质上讲，产业集群核心能力是一系列资源和能力的结合体，是有别于竞争对手的组织资源的整合，其整合对象包括信息、知识、技术、资金、经验、关系、文化等要素，整合的主体为企业、中介机构、研究机构、大学、政府等。

二、产业集群内核心企业技术联盟类型及特点

在集群内部，核心企业技术联盟形成的目的之一就是技术研发，即单个企业由于各方面的资源限制，无法实现产出函数的最大化，而需要结成联盟构建技术研发平台，共享资源信息。根据集群内部企业的作用和地位的不同，这种技术联

盟可分为核心企业主导型和共同开发型两类。核心企业主导型联盟中核心企业处于主导地位，具有相对资源优势，它立足于集群内核心技术的开发，而外围企业或辅助企业进行边缘技术的开发，但为了化解风险，往往主动联合其他企业或与处于紧密层的企业共同开发技术；另外，核心企业申请的专利属于发明的居多，而辅助企业申请的专利往往是以核心企业申请的核心技术为中心，进行实用新型和外观设计的申请，最后进行技术共享或收取一定的专利使用费达到联盟的目的。共同开发型联盟中企业不分大小，不分主次，核心企业与外围企业一起投入资源进行技术开发，共享收益、共担风险[192]。

三、集群核心能力的培育措施：基于核心企业技术联盟的考察

核心企业技术联盟与集群发展是互动的，核心企业技术联盟通过学习和创新来提高集群的核心能力和竞争优势；同时，产业集群的发展又为联盟创造了良好的外部环境。前面的分析发现集群核心能力在结构上由一个互补性、整合性知识体系构成，表现为信息、知识、技术、资金、经验、关系、文化等要素能力。因此，集群核心能力不可能由单个企业具备，是多个企业的核心能力的有机结合。因此，可以在集群内部通过联盟形式将不同企业核心能力有机聚合起来组成集群核心能力，从而提高集群的竞争优势。

首先，明确集群所需核心能力的具体要素形式，并通过核心企业选择具有相应核心能力的伙伴形成核心企业技术联盟来实现。集群生命周期的不同阶段对信息、技术和关系等不同要素形式的核心能力需求不一样，如在集群发展初期，拥有雄厚的资金和先进技术可能是集群核心能力的具体表现，因此，集群内部的核心企业要选择在资金和技术能力方面领先的企业作为合作伙伴来形成联盟；在集群发展成熟期，文化价值观可能是集群核心能力的体现，因此集群内部的核心企业要选择在企业文化上与其共融的合作伙伴来形成联盟。因此，明确集群在不同阶段所需核心能力的具体形式是培育集群核心能力的前提。

其次，建立核心企业技术联盟的治理结构。前文分析可知，核心能力本质上表现为隐性知识，而隐性知识的学习需要一定的时间，短时间内不可能实现隐性

知识的有效转移。因此，选择有效的治理结构非常必要。企业联盟的治理结构，在狭义上表现为对联盟组织形式的选择。联盟治理结构形式有合资企业、联合技术开发协议、技术分享合同、单边许可证交易合同等，这些治理结构处在市场与科层组织两级之间。企业联盟治理结构的核心是抑制机会主义行为。联盟的过渡性质和特定目标任务，容易使联盟各方产生损人利己的动机，如免费搭车、盗用问题等。其中股权式合资企业是联盟双方（或多方）共同投资设立的一种组织实体，属于科层组织，其治理结构比较健全，包括董事会、监事会、经理班子。其他以合约为基础的联盟（非股权式联盟）形式，比较靠近市场，不需要建立新的组织，其治理结构相对简单。如单边许可证交易合同最接近市场，属于一次性交易，其治理结构只是拟定一份详细的合同。

核心企业技术联盟也存在机会主义行为，如联盟的一方在保护自己的知识不泄露给对方的同时努力学习对方的知识，或在学习到对方的知识和能力之后就马上终止联盟。这种机会主义行为，实际上是把联盟看成是一次性知识交易，而不是基于长久合作的知识分享。显然，这将使核心企业技术联盟不稳定，知识难以转移，也难创造新知识。因为知识的转移需要双方人员密切交流，新知识的产生往往需要彼此分享对方的知识。因此，核心企业技术联盟更需要一种相互信赖关系。从组织形式来看，股权式合资企业在明确分工基础上存在高度信任合作时更适合核心企业技术联盟，它可以给联盟各方带来更多的学习机会。

最后，加强核心企业技术联盟内部信任关系，以共同的文化价值观促进联盟的和谐稳定发展，为联盟内部的知识转移和知识溢出创造良好的环境。集群内部核心能力的培育总体来说是集群内部核心企业与合作伙伴在相互学习和创新过程进行知识转移和知识溢出效应的结果。具体来说，要求以核心企业为中心，培育相互信任的联盟文化，在联盟内部建立一套防止相互欺骗和防止机会主义行为的规范的管理机制，例如，可以通过提高欺骗成本和增加合作收益等手段来进行信任管理和信任培育。

四、核心企业技术联盟基础上产业集群的竞争优势

产业集群只是形成竞争优势的必要条件，但当集群内的核心产业对技术含量的要求相对较高时，若缺乏具有自主研发能力的产业集群，其竞争优势将不能得到很好的发挥。如果能在产业集群基础上再搭建起具有凝聚力的技术联盟，进行核心技术的开发，那么产业集群的竞争优势在一定程度上就能得到增强，并使其核心产业在产品、技术、成本、地域上保持持续的竞争优势。

产业集群内上下游企业形成了一个相对稳定的价值链，而不同层次上企业的横向关系则属于技术联盟的外在形式，纵向的供应关系与横向的联盟关系使产业集群的成本优势、技术优势、产品优势、地域优势得到凸显，从而增强了整个集群的竞争优势，在一轮又一轮的技术创新带动下，产业集群内技术战略联盟的能量不断得到释放，各优势不断得到增强。海尔集团与日本富士通组建技术战略联盟使海尔掌握了"顶级高清"的技术，该技术是顶级高清数字平板电视市场竞争的制高点，为能获得国际领先技术优势，除在顶尖技术领域建立战略联盟外，海尔还与这些企业在新型材料开发、大规模集成制造及其他外围技术方面也形成战略联盟，使其大大降低了制造成本，产品更具竞争力，而且与世界电子巨头的技术战略联盟使海尔的产品能便捷地进入国际市场。

第三节 核心企业技术联盟的创新效应

进入 21 世纪以来，世界经济一体化进程不断加快，技术联盟采取企业协同技术创新的方式，对技术资源相互依赖关系发挥有效管理的功能，实现了大规模研究开发及生产技术合作。技术联盟不仅是获取竞争优势而进行相互依存的战略性合作，而且是一种企业组织之间的自由合作，使企业具有高度的灵活性，可以在迅速变化的市场做出及时的反应。因此技术联盟创新行为与创新效应对提高企

业的竞争优势、增强区域经济发展有着直接的现实意义。下文将从学习效应、规模经济效应、范围经济效应等方面来探讨核心技术联盟创新效应[193]。

一、学习效应

学习效应又称"经验经济效应"，是指企业的工人、技术人员、经理等人员在长期生产过程中，可以积累产品生产、技术设计以及管理工作经验，从而通过增加产量促使长期平均成本下降。技术联盟通过高水平的协作来提高产品质量和降低成本。通过文献梳理，我们将企业间合作学习效应归纳为"基于合作能力的学习模型、边际递减的学习效应模型和不确定性调节下的学习效应模型"三个基本模型。

Sinonin（1997）提出"合作经验—合作能力—合作绩效"分析模型。他认为合作经验学习效应的本质是企业间合作能力，只有从合作经验中确立企业的合作能力，才能真正提升企业间合作绩效。合作能力的本质是企业所掌握的企业间合作诀窍，只有从合作经验中提炼出合作诀窍才能提升企业间合作绩效。因此，对合作能力的深入研究成为合作经验学习效应的切入点[194]。Kale 和 Dyer（2002）深入研究了合作能力形成的各个阶段，即从合作诀窍的获取、综合、应用到合作惯例形成的过程，认为将生产领域的经验曲线效应应用到企业间合作这一过程会因核心刚性而导致合作经验对合作绩效的边际作用呈现递减的趋势[195]。Anand 和 Khanna（2000）认为企业间合作的本质上是一个不完全契约，在合作中企业必然要面对各种不确定性，而通过合作经验，企业学会如何应对这些不确定性的合作诀窍，并形成企业间合作惯例，并指出不确定性越高，企业合作能力的构建越依赖合作经验和"干中学"的学习方式[196]。

二、规模经济效应

一般而言，规模经济是指随着企业生产和经营规模的扩大而使单位产品成本下降的现象。规模经济与规模不经济实际上反映的是生产规模和平均成本之间的关系。单个企业的规模扩大有其临界状态。企业规模过大，就会产生"组织失灵"、内部信息不对称引发的信息传递受阻，产生"偷懒"和"搭便车"现象，并使组织成本大幅增加。另外，单个企业规模过大会受到反垄断政策的限制。在企业规模过大、内外受阻的双重约束下，通过建立企业技术联盟为企业实现规模经济开辟了"第三条道路"。简言之，企业技术联盟可以不依靠扩大企业规模而实现技术上的规模经济。技术上的规模经济是指两个或多个企业在研究开发、生产和营销等环节通过联盟的方式进行合作，一般会带来生产成本和组织成本的递减，从而实现技术上的规模经济。具体表现为：促进专业化分工，提高资源综合利用率，增加规模产出，降低单位生产成本；精简管理机构，削减组织成本；稳定交易关系，节约交易费用[193]。

三、范围经济效应

范围经济是美国经济学家潘扎（John C. Panzar）和威利格（Robert D. Willing）在 20 世纪 70 年代引入的一个新经济范畴，它是指一个企业进行多元化经营，在不同的产品或业务领域通过若干个经营项目的联合经营比单独局限某一产品或领域能获得更大的收益，并带来费用的节约和风险的降低。范围经济产生于未被充分利用的企业资源和核心能力，当这种企业资源和核心能力扩展至其他产品范围或经营领域时，则将获取新的收益，产生所谓的"范围经济效应"[197]。

企业在实行多元化经营过程中常常受到自身资源和核心能力的限制，缺乏相应的战略资产，不能有效地实行范围经济。通过组建技术联盟，则可借助联盟伙伴的资源和核心能力弥补自身在跨行业经营中战略资产的不足。此外，还可以帮助企业在多元化经营中有效地突破各种进入壁垒，如不可转移专利技术、关键生产要素的供给、销售渠道的控制、独特的学习曲线、隐含 Know-how 以及政府的产业规制政策等。随着市场全球化和技术进步的加快，单个企业越来越难以驾驭复杂多变的市场环境，企业在获得范围经济的过程中，通过技术联盟相互合作可以分散和降低在市场、技术和金融等领域面临的种种不确定性因素带来的风险，如投资风险、技术风险、市场风险等[192]。

四、联合经济效应

现有文献研究表明，技术联盟的联合经济效应来自竞争中的合作和矛盾的协调、联盟内部资源再配置效益的提高、高技术的加速开发和联合利用与新市场的快速进入和先行优势。从某种意义上可以说，技术联盟的联合经济效应是范围经济效应的进一步发展。这种联合经济效应具体表现在以下两个方面：

（1）企业技术联盟可以通过外部经济的内部化削减投入成本和创造产出效果。某些在信息和资源方面具有互补性和依赖性的企业实行联合，可以扩大一家企业所拥有的信息和资源的运用，提高协作效果，同时创造出新信息、新市场和新技术。这种联盟旨在谋求投入方面的经济性，可以节省本企业获得这些资源（技术和市场渠道）的时间，能够减少开发新产品进入新市场的风险，享有进入或退出市场的自由度。

（2）企业技术联盟通过跨行业联合形成组织系统或社会经济调整系统，可以使各行、各业、各厂商在各种长期和短期契约或松散合作关系中协调行动，从而有效地降低一系列交易成本，如信息成本、结算成本、库存成本和各自的风险。

联合经济是对"内部化"理论的一种超越，它侧重于企业组织外部的信息、技术等资源的"共享"和"互补"，即外部经济的内部化，而不是企业组织既有资源的重复使用。参与联盟的各企业能力的集成产生了一种混合优势，能够以低成本获得竞争力和互补性价值，联合创造的通用技术或技术信息的共享形成了联合技术创新的基础。所以企业可以同时与不同伙伴建立多个联盟，它们之间良好的关系可以作为储备资源长期保存而使各企业受益。

五、集群效应

技术联盟的集群效应主要是指由于企业技术联盟的形成，使进入联盟的企业能够以更高的效率从事技术创新活动。这种集群效应不仅表现为单个企业创新成本的降低、创新收益的增加、创新周期的缩短、创新风险的减少，同时也表现为联盟中技术创新在总体上投入产出效率的提高。具体来说，表现在三个方面。

第一，企业之间通过组建技术联盟可以有效地促使技术创新"外部效应"内部化，强化技术创新的激励机制。创新的"外部性"也可称为创新的"溢出效应"。也就是说，企业技术创新活动的成本或收益并不完全通过市场价格机制反映出来，而可能会自动地"外溢"到其他生产厂商或消费者手中，这便是技术创新外部效应的集中体现。技术联盟的创新外部效应内部化主要表现在它削减了重复性的工作，提高了合作创新的工作效率，消除了不同企业在合作研究开发中相互不信任而出现的机会成本，消除了合同交易必然带来的不确定性和技术相互依赖而导致的高交易费用，还使企业对研究开发成果的外部效果的可占有性得到很大提高，使涉及许多部门的创新收益内部化。

第二，企业之间通过缔结技术联盟，有助于企业确立统一的行业技术标准，这对企业来说将增强其在行业中的竞争优势，对整个行业来说则有利于维护行业内部的有序竞争；联盟网络的建立还有助于企业推广其技术标准，获取某种程度上的技术垄断优势，扩大市场占有率。

第三，企业通过组建技术联盟可有效地实现技术创新中的"速度经济效应"。具体来说就是联盟成员可在合作创新中实行"灵捷竞争"和"并行工程"，从而大幅度提高技术创新的速度，有效地缩短技术创新的时间，在短时间内获取更多的技术创新成果。

核心企业技术联盟具有巨大的创新效应，对提升企业实力和区域经济发展有着重大的贡献。研究表明，发达国家国内企业的技术联盟与其政府的支持和引导是分不开的，例如，欧盟通过"尤里卡"计划和"欧洲科技合作计划"，大力支持欧盟企业在高科技方面的跨国合作。因此政府应当对技术联盟进行大力扶持和精心培育。具体来说，政府应当对技术联盟进行政策引导和规范管理，特别是在高科技领域，可以采取特殊的产业政策和金融支持。另外，政府应当搭建信息交流平台，加强国内企业和国外一流企业的联盟合作，同时也应当制定有利于技术联盟的各种法律法规，并提供法律上的保障[198]。

第四节　集群核心企业技术联盟对区域经济的牵引机制研究

一、核心企业技术联盟对区域创新的影响

核心企业技术联盟涉及的范围，大到产业层面的问题，如基础研究或竞争研究、标准的设定、规则问题等，小到公司层面的项目合作技术联盟的范围。既可以是与长期的学习和能力建设相关的活动，也可以是与产业化目标密切相关的短期的开发项目。

区域创新体系理论表明加强与创新有关的行为者之间的联系是提高区域创新能力的关键。创新绩效在很大程度上取决于作为知识创造与使用的采集系统的要素间的相互联系方式，它们的联系包括技术联盟的各种形式，如合作研究、人员交流、专利共享、购买装备和其他各种渠道。可以说，要素联系是创新系统的核心，正是要素联系孕育了创新，区域创新体系的成功不仅取决于区域内企业和有关组织的知识存量，而且取决于组织之间、组织与环境之间相互作用的方式。事实上，区域内各主体之间联系方面的差异是导致区域创新系统不同的根本所在。区域网络状况、主体之间的联系程度对创新系统的效率有较大影响。创新主体之间通过交易活动、联合开发等技术活动、社会交往等形成联系，构建了区域网络。核心企业技术联盟这种组织形式在区域集群内是由各种具有独特知识或核心能力的主体构成，是区域网络中一个非常具有经济活力的节点，它通过知识的溢出效应对整个区域经济起到很大的辐射作用。

核心企业技术联盟对区域创新体系建设的作用具体表现在两个方面：一是知识生产和分享。共享的知识是区域创新体系的一个重要的方面，因为它有助于提高学习的能力。二是提高了互动的学习。互动的学习是区域创新体系中的核心概

念，而学习与创新密切相关的创新能力与一个主体通过扩散知识进行学习的程度有关。核心技术联盟使企业积极参与到创新网络中来，与联盟网络中的其他企业和组织合作，创新就更容易产生这样的动力。学习就是企业可以采用的一个建设性的战略，这一战略的运用可以补充学习过程中可能缺少的知识，这些知识对于企业来说，通常是它们自身无法获得的。创新来自于互动学习的过程，一般来说，创新成功的公司都与外部技术和知识源泉有密切的联系，互动的学习以多种形式存在，可能以垂自或水平的方式发生互动，在区域创新体系中横向的网络更有效，因为它们转换成对创新至关重要的知识和信息，这些知识和信息有两种形式的网络，一种是交易网络，这是用户和生产者之间交易而产生的联系；另一种是知识网络，这是技术诀窍的信息交流，而这些都有助于创新。很显然，在区域层面的核心企业技术联盟构成了区域创新体系的一个重要机制，它提高了互动的学习和企业机构之间的知识分享。

二、区域核心企业技术联盟对区域经济的牵引机制研究

下文我们从区域核心技术联盟中资源聚集的拉动作用，知识创新与官、产、学、研的合作推动作用及区域品牌的辐射作用三个路径来分析它对区域经济的牵引机制。

（一）资源聚集的拉动

规模经济和较低的运输成本结合起来，会鼓励中介投入的使用者和供应商在互相靠近的地方积聚。集群具有专门化的特征，其成员企业通常包括上游的零部件、机械和服务等专门投入的供应商、下游的客商、向侧面延伸到互补产品的制造商，或由于共同投入培训技能和技术相联系的公司以及专门基础设施的供应商（Porter，1998）。因此，区域集群中的企业在地理上集中，使厂商可以有效地得到供应商的服务，得到本行业竞争所需要的信息，还能够比较容易地获得配套的产品和服务[22]。

同时，核心企业吸收有人才优势的企业组成核心企业技术联盟，从而使区域集群能够得到所需要的理想人才。区域集群联盟内部的人才通过实现自我定位，

可以感到拥有一定的专业技术，能够找到理想的工作，能够针对具有产业特征的技术进行投资，提高专业化水平。这些都使区域集群内部的企业能够以更高的生产率来生产产品或提供服务，有利于其获得相对于集聚区域以外的企业更多的竞争优势。

（二）知识创新与官、产、学、研的合作推动

Nonaka 和 Takeuchi（1995）提出，知识的创造来自于"内隐知识"与"外现知识"之间不断的连续且动态互动的结果，呈一种螺旋状增长[199]。区域联盟内部的知识通常有技术知识、需求信息、供给信息和经营经验等。它们的存在形式有显性和隐性两种，其中，隐性知识难以具体化、系统化，没有人际间的频繁接触和耳濡目染很难传播。例如，凭经验积累起来的知识。集群中的企业彼此接近，会受到竞争的隐性压力，迫使企业不断地进行技术创新和组织管理创新。一家企业的知识创新很容易外溢到区域集群中其他企业，因为这些企业通过实地参观访问和经常性的面对面交流，能够较快地学习到新知识和技术。同时大量同行业企业间的非正式交流，如不同员工之间的面对面接触，使不同的思想不断交流，尤其是隐性经验类知识的交流，能激发新思想、新方法的应用，促进学科交叉和产业融合，使新知识和新产品不断出现，加快企业内部知识的创造速度。区域集群内部如此发达的网络关系，可以不断使新的生产技能和管理经验通过人员的流动，扩散到集群内部的其他企业中去，而且可以使这些新的生产技能和管理经验在区域联盟内部人员的频繁交流中，迅速扩散到集群的所有相关行为主体中去。此外，由于在集群中，创业者更容易发现产品或服务的缺口，而受到启发建立新企业。再加上产业积聚区域的进入障碍低于其他地区，所需要的设备和技术、投入品以及员工都能在区域内解决，因而开办新企业要比其他地区容易得多。

区域集群联盟的形成，使机构的空间分布更加紧密，使企业间、企业与其他实体（包括大学、科研机构和政府）之间分工协作的互补性更强，信息的获取更快捷、更便利，更便于降低企业的经营成本。而且这种紧密的分布在一定程度上也使竞争更激烈，进而带动机构更高层次的发展。在一个集群联盟内部，各成员企业间广泛联结而产生的合力大于各成员企业的单独力量之和。这是由于区域联盟内部各成员企业间相互依赖，各成员企业由于独特的核心能力决定的竞争优势使其在联盟内部产生的优质服务将促进其他联盟成员的成功。如联盟内部金融单位提供可靠的资金来源，企事业单位提供管理机制和市场运行机制，教育机构提供高素质人力资源，科研机构提供技术支持和高科技生产项目等，可以充分发挥各自在资本、生产、人才、科研等方面的综合优势，实现优势互补，互相促进，在宏观上促进区域经济发展，减少重复建制，优化资源配置，从而拉动区域经济健康和谐发展。

（三）区域品牌的辐射

区域品牌是一个拥有强劲竞争优势产品生产区位的象征。在国际化发展过程中，区域集群可以通过统一对外促销、规范品资标准、认同专向技术、推广共同商标、共享集群信誉等"集群效应"谋取单个中小企业很难具有的差异化优势。人们在谈论某一个行业的著名产品时，总是首先想到该产品的产地，如法国香水、意大利时装、瑞士手表、西湖龙井茶等。通过区域品牌效应，一方面使每个企业都受益，消除经济的负外部性，改变单个企业广告费过大而不愿积极参与和投入的状况；另一方面"区位品牌"与单个企业品牌相比，更形象、更直接，是更多企业品牌精华的浓缩和提炼，更具有广泛、持续的品牌效应。单个企业的生命周期相对于区域集群是短暂的，品牌效应难以持续。而区域集群中联盟企业通过各种核心能力的共享，区位品牌的效应更持久。因此，"区位品牌"对集群来说具有一种无形的品牌价值。

第五节　本章小结

这一章从分析产业集群和区域经济的关联性入手，从核心企业技术联盟的视角，系统地探讨了区域产业集群核心能力的培育思路；在此基础上从经济学的角度探讨了核心企业技术联盟的规模经济效应、范围经济效应、集群效应等创新效应，再次体现出"核心企业技术联盟发展的动力是创新"这样一个主线索；最后剖析了区域集群内部核心企业技术联盟对区域经济的影响，并从资源的拉动、知识创新的推动及区域品牌的辐射三个路径研究了区域集群核心企业技术联盟对区域经济的牵引机制。

本书写至此，"联盟军打胜仗"的过程叙述完毕，也使我们对区域集群核心企业技术联盟如何牵引区域经济发展这样一个理论问题有了比较清晰的理解。

第七章　结论与展望

本章作为本书最后一章，主要对本书的研究内容和研究结论加以总结，并在此基础上提出今后的进一步研究方向。

第一节　研究结论

本书运用交易费用理论、资源和能力理论等经济学、管理学、社会学的相关理论，应用理论分析与实证分析相结合、规范分析与比较分析相结合、定性分析与定量分析相结合的研究方法，较为系统和深入地研究了区域集群中的核心企业如何以自身的核心能力为基础，依据核心能力共享原则选择联盟伙伴组建核心企业技术联盟，并牵引区域经济的发展问题，并通过建立相应的数理模型，进行了实证分析。本书研究的结论表现在以下几个方面：

第一，核心企业选择联盟伙伴是按照资源共享和优势互补的原则，其中核心能力共享是形成核心企业技术联盟的原则。各合作企业只有具备核心企业所需要的相应的核心能力，才能入选联盟。核心企业按照相容性和一定的实力两个标准来选择候选企业，只有这样才能使组建的联盟的核心能力最优化，从而使联盟的创新能力更强，显示出更好的竞争优势。

第二，核心企业技术联盟需要加强利益分配管理、风险防范管理、保障管理和信任管理，才能使联盟更加稳定。

第三，区域集群核心能力的形成是区域联盟与区域集群协同作用的结果。核心企业技术联盟的核心能力是形成区域集群核心能力的基础，也是牵引区域发展的重要物质基础。

第二节　研究展望

本书尝试性地提出了核心企业技术联盟的概念，系统构建了其理论框架，并按照核心能力共享的思想探讨了核心企业选择联盟伙伴组建核心企业技术联盟的过程。这些前人都没有深入研究过，因此本书的研究工作显得肤浅，有很多不够成熟和需要进一步改进的地方，以下探讨本书今后的研究方向。

第一，核心能力共享这个思想在目前的企业扩张中有所运用，但其运用的基础和背景因不同的核心企业、不同的行业和企业发展的不同阶段会有很大的差距，并不是具备共享的物质基础和时机就可以运用，这里面还有一个企业高层领导者的主观愿望和长期发展考虑的影响。需要具体企业、具体领导者具体分析。因此，本书只是一个一般的设想而已。

第二，书中建立的模型是目前比较成熟的理论模型，采用专家打分有一定的主观性，数据的说服力度对实际企业的指导性不够；基于核心能力共享来选择伙伴企业，因不同行业、不同性质的企业可能会有一定的差距，在实际企业发展过程，不一定能完全实现，可操作性有一定局限性。

第三，指标的选择只是突出可操作性，指标涉及的面不够广泛，因此对实际问题的指导有一定局限性。如何更好地选取广泛的指标是今后研究的重点。

第四，本书提出的牵引机制只是从社会层面和政府政策层面来考虑的。核心企业技术联盟、产业集群和区域创新体系本身都是一个自组织系统，如何按照自组织理论及系统动力学，建立比较有说服力的理论模型，进行深入的研究是一个比较复杂的问题，也是一个比较有意义的研究课题。

附　录

调研、访谈企业名单

1. 武汉武重铸锻有限公司

2. 武钢（集团）武汉冶金设备制造公司

3. 武钢（集团）机械加工设备有限公司

4. 武重机械加工公司

5. 武汉威泰数控立车有限公司

6. 武重数控镗床公司

7. 武重数控铣床公司等专业化分（子）公司

8. 武汉善福重型机床有限公司（与意大利合资创立）

9. 武汉银光金属材料加工有限公司

10. 武汉诺尔冶金机械设备制造有限公司

11. 武汉四方机械设备制造有限公司

12. 武汉联创机械制造厂

13. 武汉新日机械设备

14. 武汉同祺机械制造

15. 武汉诺尔冶金机械设备制造有限公司

16. 武汉毅恒机械制造有限公司

17. 武汉市天合冶金机械设备有限公司

18. 武汉天瑞冶金设备有限责任公司

19. 武汉华中自控技术发展有限公司

20. 湖北科贝科技有限公司

21. 武汉市锦宏精密机械设备有限公司

22. 鄂城冶金机械厂

23. 鄂州市长华重型机械有限公司

24. 湖北省武汉中德矿山机器有限公司

25. 湖北大冶市永力冶金机械制造有限责任公司

26. 湖北宜都天宜机械有限公司

27. 湖北金恒机械有限公司

28. 襄樊钢铁公司

29. 鄂州钢铁工业

30. 大冶钢铁公司

企业核心能力访谈资料

访谈资料填写说明：请全面了解企业状况的中高层管理者

1. 所有项目均填写最近三年的平均情况。

2. 请在括号内为该项目打分，采用 5 分制，业内最好水平为 5 分，平均水平为 3 分，最差为 1 分。

行业基本情况

企业名称：_____主营产品：_____

本企业在业内排名：_____

企业性质：□国有独资　□ 国有控股　□ 集体所有制　□私营

核心能力表现

（一）技术能力

1. 新技术转化能力

2. 与外界研究合作能力

3. 对核心技术研发的重视程度

4. 研发队伍的交叉性与互补性

5. 核心产品的质量控制能力

（二）制造水平

1. 采用行业内先进制造和加工工具

2. 自主制造水平

3. 核心子系统独特制造技能

（三）生产人员素质

1. 生产人员中高级员工的比例

2. 生产人员中大专及以上学历人员的比例

3. 生产人员熟稔工种的比例

（四）售后服务水平

1. 按售后服务承诺书兑现

2. 售后服务制度健全，服务流程规范

3. 对售后服务人员有明确的监督和奖励

4. 提供免费的技术指导、产品安装、现场技术调试

（五）交货及时性。是否按合同指定的交货期交货，有无违约情况

（六）报价水平

1. 同类产品中该产品报价低

2. 产品报价说明书科学合理

（七）历史合作情况

1. 近三年每年有业务合作

2. 双方合作愉快，无违约记录

3. 双方高层建立定期互访、交流、培训有关人员

参考文献

［1］Hagedoorn J. Understanding the Rationale of Strategic Technology Partnering: Interorganizational Modes of Cooperation and Sectoral Differences ［J］. Strategic Management Journal, 1993, 14.

［2］Rothaermel F.T. Technological Discontinuities and the Nature of Competition ［J］. Technology Analysis and Strategic Management, 2000, 12.

［3］Cooke P. Regional Innovation System: Competitive Regulation in the New Europe ［J］. Geoforum, 1992 (23).

［4］Sruart T.E. Interorganizational Alliances and the Performance of Firms: A Study of Growth and Innovation Rates in a High-technology Industry ［J］. Strategic Management Journal, 2007 (21).

［5］Hagedoorn J. Stratigic Technology Partnering during the 1980s: Trends, Networks and Corporate Patterns in Non-core Technology ［J］. Research Policy, 1995 (24).

［6］Hagedoorn J., Roijakers N. 小型创业公司和公司之间具有研发网络的大公司——国际生物工艺行业 ［M］//米歇尔·赫特，R.爱尔兰等编. 战略型企业家. 经济管理出版社, 2002.

［7］Delangen P.W. Governance in Seaport Clusters ［J］. Maritime Economics & Logistics, 2004 (6).

［8］Lorenzoni G., Ornate O.A. Constellations of Firms and New Ventures ［J］. Journal of Business Venturing, 1988 (3).

［9］Reuer J.J. Collaborative Strategy：The Logic of Alliance［J］. Mastering Strategy，1999（4）.

［10］Spekman R.E.，Forbes T.M.，Isabella L.A.，Macavor T.C. Alliance Management：A View from the Past and a Look to the Future［J］. Journal of Management Studies，1998，35（6）.

［11］Madhok A. Revisiting Multinational Firm's Tolerance for Joint Ventures：A Trust-based Approach［J］. Journal of International Business Studies，1995，26.

［12］Wicks A. C.，Berman S. L.，Jones T.M. The Structure of Optional Trust：Moral and Strategic Implication［J］. Academy of Management Review，1999（29）.

［13］朱国锋，沈立新. 航运企业选择战略联盟伙伴的决策方法［J］. 中国航海，2003（1）.

［14］蒋国平. 企业战略联盟高失败率原因分析及其成功之路［J］. 现代财经，2001（1）.

［15］Elisa Giuliani，Michael H. Nijdam，Peter W. de Langen. Leader Firms in the Dutch Maritime Cluster Paper ［R］. ERSA Congress，2003.

［16］Morrison A. Gatekeepers of Knowledge within Industrial Districts：Who They are，How They Interact ［C］. Working Paper，2004.

［17］刘贵富，赵英才. 产业链核心企业研究［J］. 中国管理信息化，2006，9（10）.

［18］Lorenzoni G.，Badenfulier C. Creating a Strategic Center to Manage a Web of Partners［J］. California Management Review，1995，37（3）.

［19］Uzzi B. Social Structure and Competition in Inter-Firm Networks：The Paradox of Embeddedness［J］. Administrative Science Quarterly，1997，142.

［20］Lazerson M.，G. Lorenzoni. Resisting Organizational Inertia：The Evolution of Industrial Districts［J］. Journal of Management Governance，1999（13）.

［21］Arnaldo Camuffo. Transforming Industrial District Firms and Small Rueineae Networks in the Italian Large Eyewear Industry［J］. Industry and Innovation，2003（10）.

[22] Porter M.E. Clusters and the New Economics of Competition [J]. Harvard Business Review, 1998, 76 (7).

[23] Camuffo A. Transforming Industrial Districts Large Firms and Small Business Networks in the Italian Eyewear Industry [J]. Industry and Innovation, 2003, 10 (4).

[24] Mailperson A., Munari F., Sobrero M. Focal Firms as Technological Gatekeepers within Industrial Districts Knowledge Creation and Dissemination in the Italian Packaging Machinery Industry [N]. Druid Working Paper, 2005.

[25] 王珺. 产业集群与企业成长 [J]. 中山大学学报 (社会科学版), 2004 (6).

[26] 许庆瑞, 毛凯军. 论企业集群中的龙头企业网络和创新 [J]. 研究与发展管理, 2003 (8).

[27] Hansen M.T. Knowledge Networks: Explaining Effective Knowledge Sharing in Multiunit Companies [J]. Organization Science, 2002, 13 (3).

[28] Dei Ottati G. Economic Changes in the District of Prato in the 1980s: Towards a Conscious and Organized Industrial District [J]. European Planning Studies, 1994, 4 (1).

[29] Owen-Smith J., Powell W.W. Knowledge Networks as Channels and Conduits: The Effects of Spillovers in the Boston Biotechnology Community [J]. Organization Science, 2003, 21 (2).

[30] 盖文启. 创新网络——区域经济发展新思维 [M]. 北京: 北京大学出版社, 2002.

[31] 马士华. 论核心企业对供应链战略伙伴关系形成的影响 [J]. 工业工程与管理, 2000 (1).

[32] 池仁勇. 区域中小企业创新网络形成、结构属性与功能提升: 浙江省实证考察 [J]. 管理世界, 2005 (10).

[33] 谢洪明, 肖文辉, 韩子天. 战略网络、产业群聚与企业竞争力的关系研

究 [J]. 科学学与科学技术管理，2005（10）.

[34] 项后军. 产业集群、核心企业与战略网络 [J]. 当代财经，2007（7）.

[35] 林润辉. 网络组织与企业高成长 [M]. 天津：南开大学出版社，2004.

[36] 刘云枫，王夏华. 核心企业在供应链中的位置及决定其漂移的4个维度 [J]. 北京工业大学学报增刊，2005（31）.

[37] 蔡兵. 技术联盟现象初探 [J]. 自然辩证法研究，1995（8）.

[38] Barringer B.R., Harrison J.S. Walking the Tightrope：Creating Value through Interorganizational Relationships [J]. Journal of Management，2006（7）.

[39] 张晖明，丁娟. 企业技术战略联盟的理论分析 [J]. 社会科学，2004（8）.

[40] V.Vilkamo，T. Keil. Strategic Technology Partnering in High-velocity Environments-Lessons from a Case Study [J]. Technovation，2003（23）.

[41] Ring P.S. Networked Organization：A Resource based Perspective [C]. Working Paper，Acta University Upsaliensie：Studia Economize Negotiorum，39，Almquist and Wiskell International，Uppsala，1996.

[42] Gulati R.，H. Singh. The Architecture of Cooperation：Managing Coordination Costs and Appropriation Concerns in Strategic Alliance [J]. Administrative Science Quarterly，1998，43（4）.

[43] Badaracco J.The Knowledge Link：How Firm Competes through Strategic Alliance [M]. Boston，Massachusetts，HBSP，1991.

[44] 张坚.企业技术联盟的绩效评价 [M].上海：上海财经大学出版社，2007.

[45] M. E. Porter. Competitive Advantage [M]. New York：Simon & Schuster，1985.

[46] Gamal A. Vertical R&D Spillovers, Cooperation, Market Structure, and Innovation. Economics of Innov [J]. New Technology，2002，11（3）.

[47] Rajneesh Narula，John Hagedoorn. Innovation through Strategic Alliances：

Moving towards International Partnerships and Contractual Agreements [J]. Technovation, 1999 (19).

[48] Peng S. Chan, Dorothy Heide. Strategic Alliances in Technology: Key Competitive Weapon [J]. SAM Advanced Management, 1993, Autumn.

[49] 首藤信彦. 超越国际战略联盟 [J]. 世界经济评论, 1993 (8).

[50] Yoshino Michael Y. U S Rangen, Strategic Alliance: An Entrepreneurial Approach to Globalization [M]. Harvard Business School Press, 1995.

[51] 蔡兵. 论企业技术联盟及社会学问题 [D]. 北京: 中国人民大学, 1996.

[52] Gerard Georea, Shaker A. Zahra, Kathleen K. Wheatley, Raihan Khand. The Effects of Alliance Portfolio Characteristics and Absorptive Capacity on Performance: A Study of Biotechnology Firms [J]. Journal of High Technology Management Research, 2001 (12).

[53] 钟书华. 我国企业技术联盟的组织行为 [J]. 科技管理研究, 2000, 20 (2).

[54] Chiesa V., R. Manizini. Organization for Technological Collaborations: A Managerial Perspective [J]. R&D Management, 1998, 28 (3).

[55] Gulati R. Social Structure and Alliance Formation: A Longitudinal Analysis [J]. Administrative Science Quarterly, 1995 (40).

[56] Hagedoorn J. Understanding the Rationale Modes of Cooperation and Sectoral Differences [J]. Strategic Management Journal, 1993 (14).

[57] Dash T. K., Teng Bingsheng. Risk Types and Inter Firm Alliances Structures [J]. Journal of Management Studies, 1996, 33 (6).

[58] Szulanski G. Exploring Intimae Stickiness: Impediments to the Transfer of Best Practice within the Fin [J]. Strategic Management Journal, 1996, 17 (Special Issue).

[59] Inkpen A. C., Diner A. Knowledge Management Processes and International Joint Venture [J]. Organization Science, 1998 (4).

[60] 范莉，钟书华. 企业技术联盟的成本变化分析 [J]. 科技进步与对策，2003 (9).

[61] 陈隆，张宗益，古利平. 合作技术创新对技术联盟能量效率的影响 [J]. 管理学报，2004 (7).

[62] 张坚. 企业技术联盟的自组织演化模型 [J]. 系统工程，2006 (5).

[63] 朱少英. 基于信誉的技术联盟动态激励机制研究 [J]. 山西大同大学学报（自然科学版），2008 (2).

[64] Hitt M.A., Hockessin R.E., Johnson R.A., Mosel D.D. The Market for Corporate Control and Firm Innovation [J]. Academy of Management Journal，1996，39 (5).

[65] 袁磊. 战略联盟合作伙伴的选择分析 [J]. 中国软科学，2001 (9).

[66] 曾忠禄等. 公司战略联盟组织与运作 [M]. 北京：中国发展出版社，1999.

[67] 史占中. 企业战略联盟 [M]. 上海：上海财经大学出版社，2000.

[68] 毛妮. 战略联盟伙伴选择的权变模式 [J]. 科技进步与对策，2003 (12).

[69] 陈剑涛. 战略联盟的稳定与战略联盟合作伙伴的选择 [J]. 商业研究，2004 (19).

[70] 诸椒贞，黄艳. 企业战略联盟及其伙伴选择 [J]. 理论探索，2004 (3).

[71] 贾光智，王宏起. 高新技术企业战略联盟伙伴选择优化模型 [J]. 技术经济，2002 (5).

[72] 刘晓冰，黄学文，高天一，张敏强. 面向动态联盟的伙伴企业选择决策方法及系统 [J]. 工业工程，2001 (2).

[73] 张晓玲，史金飞，洪著财. 试论敏捷制造模式下合作伙伴、供应商的选择依据 [J]. 东南大学学报（哲学社会科学版），2000 (4).

[74] 郑文军，张旭梅，刘飞，张宗益，黄河. 虚拟企业合作伙伴评价体系及优化决策 [J]. 计算机集成制造系统——CIMS，2000 (5).

[75] 许学斌. 基于证据理论和遗传算法的动态联盟伙伴优化选择 [J]. 计算机

工程与应用，2004，16.

[76] 戴维·福克纳. 竞争战略 [M]. 北京：中信出版社，1997.

[77] 冯蔚东，陈剑，赵纯均. 基于遗传算法的动态联盟伙伴选择过程及优化模型 [J]. 清华大学学报（自然科学版），2000（10）.

[78] Lapanini. Industrial Clusters, Focal Firms, and Economic Dynamism: A Perspective from Italy [C]. Working Paper, 1999.

[79] Asheim B.T., Isakson A. Location, Agglomeration and Innovation: Towards Regional Innovation Systems in Norway [J]. Europe Planning Studies, 1997, 5 (3).

[80] Cooke P. Regional Innovation System: Organizational and Institutional Dimensions Research Policy [J]. Research Policy, 1998 (26).

[81] Anderson E.S., Teubal M. The Transformation of Innovation Systems: Towards a Policy Perspective [C]. Paper prepared for the DRUID Conference on National Innovation Systems, Industrial Dynamics, and Innovation Policy, Rehild, Denmark, 1999, June.

[82] Anderson M., Karlsson C. Regional Innovation System in Small & Medium-sized Regions: A Critical Review & Assessment [J]. JIBS Working Papers Series, 2002 (2).

[83] Antonelli C. The Governance of Interactive Learning within Innovation Systems [J]. Urban Studies, 2002, 39 (5-6).

[84] Muller E., Zenker A. Business Services as Actors of Knowledge Transformation: The Role of KIBS in Regional and National Innovation Systems [J]. Research Policy, 2001, 30 (9).

[85] 李娟，张硕. 试论经济转轨时期我国区域创新系统发展的模式选择 [J]. 工业技术经济，2003（3）.

[86] 黄鲁成. 区域技术创新系统研究：生态学的思考 [J]. 科学学研究，2003（2）.

[87] 彭灿. 面向可持续发展的区域创新系统：概念、功能与特性 [J]. 中国科

技论坛，2002（3）.

[88] Isakson A. Building Regional Innovation Systems：Is Endogenous Industrial Development Possible in the Global Economy [J]. Canadian Journal of Regional Science，2001（1）.

[89] Asheim B. T.，Isakson A. Location，Agglomeration and Innovation：Towards Regional Innovation Systems Inn Norway [J]. European Planning Studies，1997（3）.

[90] Katsirikou A.，Sefertzi E. Innovation in the Every Day Life of Libraries [J]. Technovation，2000（20）.

[91] 龚荒. 区域创新体系的构建原则、组织结构与推进措施 [J]. 软科学，2002（6）.

[92] 黄乾. 区域创新政策支持系统的研究 [J]. 中州学刊，2001（2）.

[93] Michael Fritsch. Cooperation and the Efficiency of Regional R&D Activities [J]. Cambridge Journal of Economics，2001（28）.

[94] 官建成，刘顺忠. 区域创新机构对创新绩效影响的研究 [J]. 科学学研究，2003，21（2）.

[95] M.E. Porter. The Competitive Advantage of Nations [M]. N.Y. Press，1990.

[96] Wernerfelt R. A Resource-based View of the Firm [J]. Strategic Management Journal，1984（2）.

[97] David J. Collis，Cynthia A. Montgomery. Corporate Strategy：A Resource-based Approach [M]. Mc Grew-Hill Companies，1997.

[98] Miller D.，Shamsie J. The Resource-based View of the Film in Two Environment [J]. Academy of Management Journal，1996（39）.

[99] Sirmon D.G.，M.A. Hitt. Managing Resources：Linking Unique Resources，Management，and Wealth Creation in Family Firms [J]. Entrepreneur Ship Theory Practice，2003，27（4）.

[100] 陶黎琴. 企业技术联盟的实现方式 [D]. 北京：中国社会科学院，

2003.

[101] 马歇尔. 经济学原理 [M]. 北京：商务印书馆，1965.

[102] Penrose E. T. The Theory of the Growth of the Firms [M]. London：Basil Blackwell，1959.

[103] Richardson G. S. B. The Organization of Industry [J]. Economic Journal，1972 (82).

[104] Nelson R.，S. G. Winter. An Evolutionary Theory of Economic Change [M]. Harvard University Press，1982.

[105] Prahalad C. K.，Hamel G. The Core Competencies of the Gorporation [J]. Harvard Business Review，1990 (5/6).

[106] Kogut B. Joint Venture：Theoretical and Empirical Perspective [J]. Strategic Management，1988 (9).

[107] Barney J. B. Firm Resource and Sustainable Competitive Advantage [J]. Journal of Management，1991，17.

[108] O. E. Williamson. Markets and Hierarchies：Anti-trust Implications [M]. New York：The Free Press，1975.

[109] 朱廷柏. 企业技术联盟内的组织间学习研究 [D]. 山东：山东大学，2003.

[110] 肖鸿. 试析当代社会网研究的若干进展 [J]. 社会学研究，1999 (3).

[111] 罗家德. 社会网分析讲义 [M]. 北京：社会科学文献出版社，2005.

[112] Gulati R. Ranjay. Alliances and Networks [J]. Strategic Management Journal，1998，19 (4).

[113] 李久鑫，郑绍濂. 高技术企业的组织与自组织管理 [J]. 中国软科学，2000 (5).

[114] 苗东升. 论复杂性 [J]. 自然辩证法通讯，2000 (6).

[115] 石良平. 企业技术联盟的绩效评价 [M]. 上海：上海财经大学出版社，2006.

[116] Barney J.B. Looking Inside for Competitive Advantage [J]. Academy of Management Executive, 1995, 9 (4).

[117] 魏江. 企业技术能力论 [M]. 北京：科学出版社，2002.

[118] 金碚. 中国工业国际竞争力——理论、方法与实证研究 [M]. 北京：经济管理出版社，1997.

[119] Leonard Barton D. Core Capabilities and Core Rigidities: A Paradox in Managing New Product Development, Strategic Management Journal, 1992 (13).

[120] Oliver. Sustainable Competitive Advantage: Combining Institutional and Resource-based Views [J]. Strategic Management Journal, 1997, 18 (9).

[121] 吴雪梅. 企业核心能力论 [D]. 四川：四川大学，2007.

[122] Foss N. J., Knudsen Coeds. 企业万能：面向企业能力理论 [M]. 李东红译. 大连：东北财经大学出版社，1998.

[123] 王同亿. 语言大典 [M]. 北京：三环出版社，1990.

[124] Musen M.A., Tu S.W. Problem-solving Models for Generation of Task-specific Knowledge-acquisition Tools [M]//Knowledge-Oriented Software Design. Amsterdam Elsevier, 1993.

[125] 野中郁次郎，竹内弘高. 创造知识的企业——日美企业持续创新的动力 [M]. 北京：知识产权出版社，2006.

[126] Charles W. L. Hill. International Business-Competing in the Global Marketplace [M]. McGraw-Hill, 2000.

[127] Amy Snyder, William H. Ebeling. Targeting a Company's Real Core Competencies [J]. Journal of Business Strategy, 1992 (13).

[128] 伊夫·多兹. 管理核心竞争力以求公司更新：走向一个核心竞争力管理理论 [M]//安德鲁·坎贝尔，凯瑟琳·萨默斯·卢斯. 核心能力战略. 严勇，祝方译. 大连：东北财经大学出版社，1999.

[129] 罗剑秋. 基于核心能力共享的民营企业扩张模式研究 [D]. 无锡：中南大学，2003.

[130] Hitt M. A., Ireland R. D., Lee H. Y. Technological Learning, Knowledge Management, Firm Growth and Performance: An Introductory Essay [J]. Journal of Engineering and Technology Management, 2000 (17).

[131] Arora A., Gambardella A.Complementary and External Linkages: The Strategies of the Large Firms in Biotechnology [J]. The Journal of Industrial Economics, 1990, 18 (4).

[132] 张晖, 蓝海林. 围绕中心企业构建战略联盟网络 [J]. 科技管理研究, 2004 (2).

[133] Prashant Kale, Jeffrey Dyer, Harbir Singh. Value Creation and Success in Strategic Alliances: Alliancing Skills and the Role of Alliance Structure and Systems [J]. European Management Journal, 2001, 19 (5).

[134] Senker J., M. Sharp. Organizational Learning in Cooperative Alliances: Some Case Studies in Biotechnology [J]. Technology Analysis and Strategic Management, 1997, 9 (1).

[135] 党兴华, 郑登攀. 技术创新网络中核心企业影响力评价因素研究 [J]. 科研管理 (增刊), 2007, 28 (3).

[136] 张伟峰, 万威武. 企业创新网络的构建动因与模式研究 [J]. 研究与发展管理, 2004, 31 (3).

[137] Maro Vlachopulou, Vassiliki Manthou. International Journal of Physical Distribution [J]. Distribution Logistics Management Bradford, 2003, 33 (3).

[138] Cohen W., Leviathan D. Absorptive Capacity: A New Perspective on Learning and Innovation [J]. Administrative Science Quarterly, 1990, 35 (5).

[139] Rogers E. M. Diffusion of Innovations [M]. New York: Free Press, 1999.

[140] Dyer J.H., Nobeoka K. Creating and Managing a High-performance Knowledge-sharing Network: The Toyota Case [J]. Strategic Management Journal, 2000, 21 (4).

［141］王能元，霍国庆.企业信息流重组模型研究［J］.南开管理评论，2004，21（3）.

［142］马士华，林勇，陈志祥.供应链管理［M］.北京：机械工业出版社，2000.

［143］席酉民，唐方成.组织的立体多网络模型研究［J］.西安交通大学学报，2002，36（4）.

［144］Gay B., Dousset B. Innovation and Network Structural Dynamics: Study of the Alliance Network of a Major Sector of the Biotechnology Industry［J］. Research Policy, 2005, 34（2）.

［145］Robinson D. T., Stuart T. E. Financial Contracting in Biotech Strategic Alliances［R］. Columbia University Working Paper, 2002. Downloadable from http://papers.ssrn.com/sol3/papers.cfm? abstractid=328881.

［146］Cowan R., Oxnard N. Network Structure and the Diffusion of Knowledge［J］. Journal of Economic Dynamics and Control, 2004, 28（8）.

［147］Kogut B., W. Shan, G. Walker. The Maker-cooperate Decision in the Context of an Industry Network［M］//N. Nohria, R. Eccles. Networks and Organization, Cambridge, MA: Harvard Business School Press, 1992.

［148］Gulati R., M. Gargiulo. Where do Interorganizational Networks Come from Working Paper［C］. J. L. Kellogg Graduate School of Management, Northwestern University, 1997.

［149］Powell W. W., K. Kaput, L. Smith-Doerr. Interorganizational Collaboration and the Locus of Innovation: Networks of Learning in Biotechnology［J］. Administrative Science Quarterly, 1996, 41.

［150］Podolny J. M., T. Stuart. A Role-based Ecology of Technological Change［J］. American Journal of Sociology, 1995, 100.

［151］Eisenhardt K., C. B. Schoonhoven. Resource-based View of Strategic Alliance Formation: Strategic and Social Effects in Entrepreneurial Firms［J］. Organization Science, 1996, 7 (2).

[152] Gelatin R., J. Westphalia. The Dark Side of Embeddness: An Examination of the Influence of Direct and Indirect Board Interlocks and CEO/Board Relationships on Interfirm Alliances [C]. J. L. Kellogg Graduate School of Management, Northwestern University, 1997.

[153] Martin X., W. Mitchell, A. Swami Nathan. Recreating and Extending Japanese Automobile Buyer-supplier Links in North America [J]. Strategic Management Journal, 1995, 16 (8).

[154] K.R. Harrigan. Strategic Alliances and Partner Asymmetries [J]. Management International Review, 1988, 28 (special issue).

[155] Clarke C. Strategic Risk Management: The New Competitive Edge [J]. Long Range Planning, 1999, 32 (4).

[156] Harrigan K.R. Managing for Joint Ventures Success [M]. Lexington, MA: Lexington .Books, 1999.

[157] R. H. Coase. The Nature of the Firm [J]. Economical, 1937 (4).

[158] 迈克尔·波特. 竞争优势 [M]. 北京: 华夏出版社, 1997.

[159] M. A. Him, R. Duane Ireland, R.E. Hosikisson. Strategic Management [M]. West Publishing Company, 1995.

[160] 赵爱英, 牛晓霞. 基于核心能力的战略联盟形成动因 [J]. 经济论坛, 2006 (24).

[161] 李佳琦. 基于核心能力的企业动态联盟机遇识别与盟友选择研究 [D]. 吉林: 吉林大学, 2005.

[162] Sveiby K.E. The New Organizational Wealth: Managing and Measuring Knowledge-based Assets [M]. Francisco, CA: Berrett-koehler Publishers, 1997.

[163] Inkpen A. Learning Knowledge Acquisition, and Strategic Alliances [J]. European Management Journal, 1998, 16 (2).

[164] 罗世鹏, 赵嵩正, 殷茗. 基于知识联盟的企业核心能力发展模型框架

［J］. 科技进步与对策，2006（9）.

［165］Teece D. J. Competition, Cooperation and Innovation［J］. Journal of Economic Behavior and Organization, 1992（18）.

［166］Neil Ratkham 等. 合作竞争大未来［M］. 苏怡仲译. 北京：经济管理出版社，2001.

［167］Dogma M., Bilderbeek J., Idenburg P. and Looise J.K. Strategic Alliances: Managing the Dynamics of Fit［J］. Long Range Planning, 2000, 33（4）.

［168］顾基发. 意见综合——怎样达成共识［J］. 系统工程学报，2001，16（5）.

［169］Williamson O.E. The Economic Institutions of Capitalism: Firms, Markets, Relational Contracting［M］. Macmillan, 1985.

［170］李红玲，钟书华. 企业技术联盟的效益及其分配［J］. 科学学与科学技术管理，2001（6）.

［171］Weston J. Fred, K. Wang, S. Chung, Juan A. Siu. Takeovers, Restructuring and Corporate Governance［M］. New York: Prentice Hall, 1998.

［172］程海. 技术联盟的模式与机制探究［M］. 沈阳：东北大学出版社，2006.

［173］钟书华. 企业技术联盟：风险与防范［J］. 中国软科学，2000（10）.

［174］孙肖南，钟书华. 技术联盟的保障机制［J］. 软科学，2001，15（4）.

［175］代义华. 信息产业中技术标准联盟的核心成员选择研究［D］. 成都：四川大学，2006.

［176］常大勇，张丽丽. 经济管理中的模糊数学方法［M］. 北京：北京经济学院出版社，1995.

［177］党兴华，王幼林. 技术创新网络中核心企业合作伙伴选择过程研究［J］. 科学学与科学技术管理，2007（1）.

［178］Bianconi G., Barabasi A.-L. Competition and Multiscaling in Evolving Networks［J］. Euro Physics Letters, 2001, 54.

[179] Leach N.P., Makatsoris C. Supply Chain Control: Trade-offs and System Requirements. Human Systems Management [J]. Amsterdam, 1997, 3 (16).

[180] Maro Vlachopulou, Vassiliki Manthou. International Journal of Physical Distribution & Logistics Management [J]. Bradford, 2003, 3 (133).

[181] Lorenzoni G., C. Baden-Fuller. Creating a Strategic Center to Manage a Web of Partners [J]. California Management Revue, 1995 (37).

[182] Geringer J. M. Selection of Partner for International Joint Venture [J]. Business Quarterly, 1988, 53 (2).

[183] Hakanson L. Managing Cooperative Research and Development: Partner Selection and Contract Design [J]. R&D Management, 1993, 23 (4).

[184] 卢燕, 汤建影, 黄瑞华. 合作研发伙伴选择影响因素的实证研究 [J]. 研究与发展管理, 2006, 18 (1).

[185] 陈柳钦. 产业集聚与产业竞争力 [J]. 南京社会科学, 2005 (5).

[186] 李海婴, 万守杰, 赵富强. 城市产业集群的机理分析与政策安排 [J]. 现代管理科学, 2004 (3).

[187] 张辉. 产业集群竞争力的内在经济机理 [J]. 中国软科学, 2003 (5).

[188] 厉无畏. 产业融合与产业创新 [J]. 上海管理科学, 2002 (4).

[189] 常林朝, 项勇. 产业集群与区域创新体系关联性探讨 [J]. 河南生产力 (内刊), 2006 (11).

[190] 吴松强, 赵顺龙. 基于社会资本的集群核心能力的培育 [J]. 南京工业大学学报 (社会科学版), 2008 (2).

[191] 王缉慈. 创新的空间: 企业集群与区域发展 [M]. 北京: 北京大学出版社, 2001.

[192] 赵志泉, 朱方明. 企业技术创新的组织选择: 关于联盟的观点 [J]. 科学管理研究, 2003 (2).

[193] 陈迅, 杨守鸿, 赵三英. 论技术战略联盟框架下的产业集群及竞争优势 [J]. 经济纵横, 2005 (1).

[194] Sinonin B. L. The Importance of Collaborative Know-how: An Empirical Test of the Learning Organization [J]. Academy of Management Journal, 1997, 40 (5).

[195] Kale P., Dyer J.H. Single Alliance Capability, Stock Market Response, and Long-term Alliance Success: The Role of the Alliance Function [J]. Strategic Management Journal, 2002, 23 (8).

[196] Anand B.N., Khanna T. Do Firms Learn to Create Value: The Case of Alliance [J]. Strategic Management Journal, 2000, 21 (3).

[197] Panzar J.C., Willing R.D. Economic of Scale in Multi-output Production [J]. Quarterly Journal of Economics, 1977 (91).

[198] 薛清. 企业技术联盟与我国企业技术创新研究 [D]. 福建: 福建师范大学, 2006.

[199] Nonaka I., Takeuchi H. The Knowledge-Creating Company: How Japanese Companies Create the Dynamics of Innovation [M]. New York: Oxford University Press, 1995.